ULRICH HOFFMANN

MEDITATION

Mein Übungsbuch für mehr Wohlbefinden & Gelassenheit

DIE GU-QUALITÄTSGARANTIE

Wir möchten Ihnen mit den Informationen und Anregungen in diesem Buch das Leben erleichtern und Sie inspirieren, Neues auszuprobieren. Bei jedem unserer Produkte achten wir auf Aktualität und stellen höchste Ansprüche an Inhalt, Optik und Ausstattung. Alle Informationen werden von unseren Autoren und unserer Fachredaktion sorgfältig ausgewählt und mehrfach geprüft. Deshalb bieten wir Ihnen eine 100%ige Qualitätsgarantie.

Darauf können Sie sich verlassen:
Wir legen Wert darauf, dass unsere Gesundheits- und Lebenshilfebücher ganzheitlichen Rat geben. Wir garantieren, dass:

- alle Übungen und Anleitungen in der Praxis geprüft und
- unsere Autoren echte Experten mit langjähriger Erfahrung sind.

Wir möchten für Sie immer besser werden:
Sollten wir mit diesem Buch Ihre Erwartungen nicht erfüllen, lassen Sie es uns bitte wissen! Wir tauschen Ihr Buch jederzeit gegen ein gleichwertiges zum gleichen oder ähnlichen Thema um. Nehmen Sie einfach Kontakt zu unserem Leserservice auf. Die Kontaktdaten unseres Leserservice finden Sie am Ende dieses Buches.

GRÄFE UND UNZER VERLAG. *Der erste Ratgeberverlag – seit 1722.*

KGS

INTENSITÄTSGRADE DER ÜBUNGEN

★☆☆ leicht, geht ruckzuck

★★☆ mittelschwer, dauert nicht so lange

★★★ anspruchsvoll, benötigt etwas mehr Zeit

startklar!

BEVOR ES LOSGEHT

Jeder kann meditieren, du brauchst keine Vorkenntnisse und kannst gleich loslegen. In diesem Buch stelle ich dir eine Reihe von Möglichkeiten zu meditieren vor. Probiere diejenigen aus, die dich ansprechen, und bleibe dran, wenn dir eine Art besondere Freude macht. Falls du Entscheidungshilfen brauchst - auf Seite 6 und 7 findest du sie.

Die gesundheitlichen Wirkungen des Meditierens sind mittlerweile medizinisch nachweisbar. Es hilft gegen Verspannungen, Stress, Ängste, Depressionen, gegen Rücken- und Kopfschmerzen, aber beispielsweise auch gegen Wutausbrüche. Schon nach wenigen Wochen lassen sich Veränderungen im Gehirn zeigen, unter anderem wird der präfrontale Kortex, zuständig für unseren Umgang mit Emotionen, besser durchblutet. Ein Fünfjahresvergleich der Arztbesuche von 2000 meditierenden Angestellten einer Versicherung mit 600000 dort Versicherten ergab: 50 Prozent weniger Klinikaufenthalte, 87 Prozent weniger Herzkrankheiten, 30 Prozent weniger Infekte, 50 Prozent weniger Krebserkrankungen! Meditation trainiert das Gehirn zum Stillhalten. Übt man in ruhigen Momenten das gezielte Abschalten, kann sich die Zentrale im Kopf regenerieren. Und man kann in aufregenden Zeiten Ruhe bewahren.

Bei der Meditation konzentrieren wir uns auf das, was jetzt in diesem Augenblick gerade ist und dass es so ist, wie es ist – ich, du, die Welt. Wir sind vollkommen achtsam im gegenwärtigen Moment. Ändern können wir ihn nicht. Er ist so, wie er ist. Dieses Annehmen dessen, was ist, ohne es zu bewerten und ohne sich davon beherrschen zu lassen, ist der erste Schritt zu Veränderungen in eine positive Richtung. Man kann unerfüllte Wünsche haben und trotzdem glücklich sein. Die Menschen, die wir sympathisch finden, sind nicht unbedingt diejenigen, die alles haben. Sondern eher diejenigen, die zufrieden sind damit, wie ihr Leben gerade ist – selbst wenn sie es gern anders hätten.

Ich wünsche dir viel Freude, Entspannung und interessante Erkenntnisse beim Ausprobieren der Meditationen!

DIE BASICS

Wie lange?

Zwischen 2 und 30 Minuten sind es bei den Meditationen in diesem Buch. Um nicht während der Meditation über die Zeit ins Grübeln zu kommen, kannst du dir einen Wecker stellen, der nicht laut tickt. Das Handy bleibt ausgeschaltet.

Wann?

Das ist egal. Wenn du den Tag mit einer Meditation beginnst – toll. Aber auch später nützt sie genauso viel. Nur gleich nach dem Essen zu meditieren, ist keine gute Idee – dann möchte der Körper lieber in Ruhe verdauen.

Wo und in welcher Haltung?

Wähle einen Platz, an dem du dich wohlfühlst und ungestört bist. Wichtig ist eine würdevolle Sitzhaltung mit geradem Rücken, gern auch auf dem Stuhl – dann mit den Füßen fest auf dem Boden. Wenn du im Schneider- oder Lotossitz meditieren möchtest, setze dich leicht erhöht auf ein Kissen, damit sich der Rücken nicht verspannt. Lege die Hände auf die Knie oder die Oberschenkel, mit den Handflächen nach oben oder nach unten, wie du willst. Viele Übungen gehen auch im Liegen. Aber bitte dabei nicht einschlafen, sondern achtsam im »Jetzt« bleiben. Wenn du müde oder erschöpft bist, bleib also lieber sitzen.

Augen zu oder Augen auf?

Du kannst die Augen sanft schließen, musst aber nicht. Wenn du sie lieber offen lässt, dann achte darauf, dass du nichts fokussierst. Der Blick geht ohne Scharfstellen geradeaus, man schaut wie beim Tagträumen »ins Leere«.

Was tun, wenn die Aufmerksamkeit abschweift?

Nicht ärgern. Wenn es dir auffällt, ist das bereits genau jener Moment der Achtsamkeit, nach dem wir in der Meditation suchen.

TEST: WELCHER MEDITATIONSTYP BIST DU?

Suche dir die Fragen raus, zu denen du eine Meinung hast. Schreibe dann die Anzahl der jeweiligen Buchstaben in die Kästen auf Seite 8 und 9. Darunter findest du Meditationen, die für dich besonders geeignet sind.

Erkenne dich selbst!

Denkst du gern über das Leben an sich nach?

- ○ Nur, wenn es sein muss. D
- ☒ Ich liebe Philosophie. C

Ist dein Leben momentan eher stressig oder ruhig?

- ☒ Ganz schön anstrengend. D
- ○ Total entspannt. A

Warum möchtest du meditieren?

- ☒ Aus Neugier. C
- ○ Wurde mir empfohlen. B

Liebst du die Stille?

- ○ Bei mir muss immer was los sein. B+D
- ☒ Ich bin gern allein. A+C

Hast du Schmerzen oder gesundheitliche Probleme?

- ☒ Ja, schon. B
- ☒ Nein, alles okay. A

Leidest du unter psychologischen Problemen?

- ☒ Sicher, wer nicht? D
- ○ Nicht dass ich wüsste. C

Hast du das Gefühl, im Leben nicht voranzukommen?

- ☒ Ja, ich ringe mit Entscheidungen. A+D
- ○ Nein, alles läuft. B+C

Augen auf oder Augen zu?

- ☒ Augen schließen entspannt mich. A+C
- ○ Ich behalte lieber alles im Blick. B+D

Fängst du schnell Feuer, verlierst aber auch bald wieder das Interesse?

- ☒ Ja, ich bin leicht zu begeistern. B+C
- ○ Nein, wenn ich etwas angefangen habe, bringe ich es auch zu Ende. A+D

Auswertung: Notiere dir auf diesen beiden Seiten in den Kästen unterhalb der einzelnen Buchstaben, wie oft du den jeweiligen Buchstaben in dem Test von Seite 7 gewählt hast. Das zeigt dir, welche Meditationsformen dir gefallen und besonders leicht gelingen könnten.

A

So oft habe ich A gewählt:

- Adler-Meditation, *Seite 40*
- Atem-Meditation, *Seite 12*
- Berg-Meditation, *Seite 36*
- Chakra-Meditation, *Seite 42*
- Chanting-Meditation, *Seite 56*
- Den Dingen einen Namen geben, *Seite 34*
- Ess-Meditation, *Seite 14*
- Geräusch-Meditation, *Seite 20*
- Hinein ins Nichts!, *Seite 16*
- Liebevolle Güte, *Seite 54*
- Meditation mit dem inneren Kind, *Seite 46*
- Raus aus dem Gedankenkarussell!, *Seite 22*
- Yoga als Meditation, *Seite 58*
- Zeichnen wie ein Zen-Buddhist, *Seite 18*

B

So oft habe ich B gewählt:

- Achtsam stehen, *Seite 27*
- Berg-Meditation, *Seite 36*
- Chanting-Meditation, *Seite 56*
- Geh-Meditation, *Seite 62*
- Innerer-Ratgeber-Meditation, *Seite 48*
- Liebevolle Güte, *Seite 54*
- Zähl-Meditation, *Seite 24*

C

So oft habe ich C gewählt:

D

So oft habe ich D gewählt:

EINFACH DRANBLEIBEN!

»Achtsamkeit ist nicht schwierig, wir müssen nur dran denken.«
Die Aussage der Meditationslehrerin Sharon Salzberg bringt es auf den Punkt. Diese Tabelle hilft dir, in den ersten vier Wochen die Gewohnheit zu meditieren in dir zu verankern. Drei- bis fünfmal pro Woche solltest du meditieren, wenn's geht. Mache ein Häkchen an jedem Tag, an dem du meditiert hast.

	Montag	Dienstag	Mittwoch	Donnerstag	Freitag	Samstag	Sonntag
Woche ab dem ___							
Woche ab dem ___							
Woche ab dem ___							
Woche ab dem ___							

Nice to know!

ÜBUNG MACHT DEN MEISTER

Lieber öfter kürzer meditieren als selten und dann länger. Für den Erfolg ist nicht wichtig, ob man gerade »Lust« hat. Wichtig ist nur, dass man versucht zu meditieren, so gut es in dem Moment eben gerade geht. Bald ist es so normal wie Zähneputzen, denn schon innerhalb von drei Wochen kann sich eine neue Gewohnheit im Unterbewusstsein verankern.

DER ATEM, DEIN FREUND

Dauer: 5 Minuten

Hör kurz auf zu lesen und fühle, wie du atmest: ein – aus. Ein – aus. Jetzt setze dich mit geradem Rücken hin. Zum Beispiel im Schneidersitz auf ein Kissen. Oder auf einen Stuhl, beide Füße fest auf dem Boden.

Wie verändert sich der Atem, wenn du den Rücken gerade machst? Werden die Atemzüge länger? Oder kürzer? Ruhiger oder unruhiger?

Wie fühlt sich dein Atem jetzt an? Flach, hastig, abgehackt, ruhig, tief, hektisch ...

Lasse nun mit dem Ausatmen ein klein wenig der Spannung in deinem Körper los (im Rücken, in den Schultern, im Nacken, im Beckenbereich, in den Oberschenkeln oder wo auch immer). Fünf Atemzüge lang jedes Mal ein bisschen mehr.

Richte die Aufmerksamkeit nun auf den gesamten Atemvorgang, von der Einatmung bis zur Ausatmung. Wo kannst du den Atem fühlen?

Genieße Atemzug für Atemzug. Kehre immer wieder mit der Aufmerksamkeit zum Atem zurück, wenn die Gedanken abschweifen.

Was hat sich verändert im Vergleich zum Beginn der Übung? Nicht bewerten. Nur feststellen.

ATEM-MEDITATION

Dauer: 5 Minuten oder länger

Diese bekannte Meditation ist ein hervorragendes Mittel gegen Stress. Versuche nicht, anders zu atmen, als du es sonst tust. Nimm einfach nur wahr, was beim Atmen passiert. Für die ersten Male suche dir einen ruhigen Ort. Mit der Zeit schaffst du die Übung auch stehend im überfüllten Bus.
Spannung und Entspannung, immer im Wechsel. Das ist Atmung. Bringt auf Dauer innere Ruhe und Gelassenheit.

- ***Setze dich in eine Meditationshaltung. Oder lege dich hin.***
  Beobachte nun deine Atmung und mache dir bei jedem Atemzug bewusst:
  Ich atme ein, ich atme aus.
  Ich atme ein, ich atme aus.

- ***Achte allmählich auch auf die Übergänge zwischen Ein- und Ausatmen.***
  Es entsteht immer eine kleine Atempause. Mache dir bewusst:
  Einatmen
  Atempause
  Ausatmen
  Atempause

- ***Bleibe eine Weile dabei. Deine Aufmerksamkeit schweift vielleicht gelegentlich ab, dann kehre immer wieder zur Beobachtung des Atems zurück.***
  Beende die Übung mit dem Ausatmen. Öffne die Augen und richte die Aufmerksamkeit langsam und gelassen auf deine Umgebung.

Übungsalternative

Mit den folgenden Fragen kannst du, nachdem du eine Weile wie in Schritt 1 beschrieben ein- und ausgeatmet hast, die Selbstbeobachtung ausweiten. Sie zeigen dir, wohin du die Achtsamkeit lenken kannst. Konkret beantworten musst du sie nicht.

- Atmest du langsam oder schnell?
- Tief oder flach?
- Durch den Mund oder durch die Nase? (Wenn möglich, atme beim Meditieren lieber durch die Nase.)
- Kannst du spüren, wie die Luft durch deine Nasenlöcher einströmt?
- Spürst du, wie sich die Nasenlöcher beim Luftholen ein wenig weiten?
- Fühlt sich die Luft beim Einatmen in der Nase kalt oder warm an?
- Falls du (auch) durch den Mund atmest, wie empfindest du den Luftstrom auf der Zunge?
- Kannst du den Atem in deiner Kehle spüren, in der Luftröhre?
- Merkst du, wie sich dein Brustkorb weitet?
- Atmest du bis in den Bauch hinein, bis unter den Bauchnabel?
- Kannst du das Heben und Senken deiner Bauchdecke spüren?
- Was empfindest du als angenehmer, das Ein- oder das Ausatmen?
- Konzentriere dich nun wieder nur auf das Ein- und Ausatmen, wie am Beginn der Übung.

ESS-MEDITATION

Dauer: 3 Minuten

Mit dieser Übung schulst du deine Wahrnehmungsfähigkeit und lernst zugleich, Nahrung mehr wertzuschätzen. Eine erstaunlich einfache und gleichzeitig überraschende Erfahrung.

1. Lege eine Rosine auf einen Teller und setze dich damit an einen Tisch. (Die Übung lässt sich auch mit einem Stück Schokolade durchführen.) Atme tief durch und betrachte die Rosine. Sieh dir ihre Furchen und Erhebungen, die ungleichmäßige Form, genau an.
2. Nimm die Rosine zwischen Daumen und Zeigefinger und rolle sie vorsichtig hin und her. Oder lege sie auf die Hand und fahre mit den Fingern der anderen Hand vorsichtig über die Oberfläche. Versuche, die äußere Struktur der Rosine so genau wie möglich wahrzunehmen.
3. Hebe die Rosine zum Mund. Fahre mit ihr über die Lippen. Wie fühlt sich das an? Nun schnuppere an ihr. Manche Rosinen riechen sehr fruchtig und süß, andere verströmen fast keinen Geruch.
4. Nimm die Rosine nun vorsichtig zwischen die Lippen und halte sie dort einen Moment fest. Dann schiebe sie langsam weiter in den Mund hinein. Schließe die Lippen und spüre die einzelne Rosine in deinem Mund. Achte darauf, wie sich der Geschmack ausbreitet und wie sich die runzelige Oberfläche auf deiner Zunge anfühlt.
5. Bewege die Rosine nun mit der Zunge im Mund hin und her. Konzentriere dich auf die entstehenden Empfindungen. Was schmeckst du und was spürst du?
6. Schließlich schiebst du die Rosine mit der Zunge zwischen die Zähne und hältst sie dort einen Moment fest, bevor du sie vorsichtig zerbeißt. Genieße die intensive Welle des Geschmacks, die sich jetzt in deiner Mundhöhle ausbreitet!
7. Kaue die Rosine so langsam wie möglich. Beachte dabei sowohl das sich immer wieder verändernde Geschmackserlebnis wie auch die unterschiedlichen Empfindungen. Das weiche Innere fühlt sich deutlich anders an als die getrocknete Schale. Es schmeckt auch anders.

8. Am Ende schluckst du die Rosine herunter. Immer noch bleibst du so aufmerksam wie möglich. Vielleicht verbleibt ein Rest Süße in deinem Mund, lange nachdem du die Rosine geschluckt hast.

Nice to know!

MMMH – DAS SCHMECKT!

Du kannst natürlich auch ganze Mahlzeiten ruhig und aufmerksam zu dir nehmen. Erfahrungsgemäß steigt dadurch auch der Wunsch nach qualitätvollen Zutaten – und der Genuss am Essen.

HINEIN INS NICHTS!

Dauer: 8 Minuten

Ein Atemzug besteht aus Einatmen und Ausatmen. Dazwischen machen wir automatisch eine kleine Pause. Nach dem Einatmen genauso wie nach dem Ausatmen. »Gap« heißt das auf Englisch: Leerraum, Abstand. Sich auf diesen Gap zu konzentrieren, schafft Platz für die Zwischentöne des Lebens. Manche Meditationsprofis schwören, sie könnten so in eine Traumlandschaft eintreten und die wunderschönsten Visionen erleben. Aber Achtung: Das ist etwas ganz anderes, als vom nächsten Urlaub zu träumen!

Nimm eine bequeme Meditationshaltung mit geradem Rücken ein, in der dein Atem leicht fließen kann. Richte die Aufmerksamkeit auf den Atem. Schließe die Augen. Wenn du sie lieber offen lässt, achte darauf, dass du keinen Fokus setzt, sondern »ins Nichts« schaust. Dann nimm einfach wahr, wie dein Atem gerade jetzt in diesem Moment fließt.
Ein ... aus ... ein ... aus ...

Lenke nach einiger Zeit die Aufmerksamkeit auf die kleinen Pausen zwischen den Atemzügen. Du sollst sie nicht verlängern, schon gar nicht den Atem anhalten, sondern nur beobachten.
Du atmest aus ... und es dauert den Bruchteil einer Sekunde, bevor du mit der folgenden Einatmung beginnst ...
Ist die Einatmung abgeschlossen, so steht dein Atem für einen kurzen Moment still, bevor du ausatmest.
Ein ... Pause ... aus ... Pause
Ein ... Pause ... aus ... Pause

- ***Empfindest du einen Unterschied zwischen der Pause nach der Einatmung und der Pause nach der Ausatmung? Manche Menschen tun das, andere nicht. Es gibt in dieser Hinsicht kein Richtig oder Falsch.***

- ***Verlängern sich die Gaps? Erzwinge nichts, gib schon beim leisen Impuls weiterzuatmen nach.***

Vielleicht verschmelzen die Atemzüge und die Gaps zu einer langen Wellenlinie. Lasse dich auf den Wellen des Atems tragen.

Ziehe nun den Atem tief ein, bis hinunter in den Bauch. Halte den Atem für einen Moment an und lasse ihn dann langsam ausströmen. Noch einmal: Tief einatmen – kurz anhalten – langsam ausatmen. Du wirst dich erstaunlich erfrischt fühlen. Öffne die Augen wieder und lächle.

Nice to know!

DU HAST DIE WAHL

Diese Meditation schafft einen Hauch von Abstand zwischen unseren instinktiven Wahrnehmungen und Reaktionen – und unserem Ich. So haben wir immer häufiger die Wahl, ob wir uns wirklich über die Nachbarin oder den Kollegen ärgern wollen ... oder es einfach bleiben lassen.

MEIN ATEM UND ICH

Wenn du willst, kannst du hier einige Erfahrungen mit dieser Atemübung oder mit deiner Atmung generell aufschreiben.

ZEICHNEN WIE EIN ZEN-BUDDHIST

Buntstifte bereithalten!

Dauer: 10 bis 30 Minuten

Malend meditieren – das gibt es! Ohne Zweck und Absicht und erwünschtes Ergebnis: Linien, Muster, Kreise, einfarbig, bunt ... Zum Beispiel kannst du mit geschwungenen Linien Felder abteilen und diese mit geometrischen Mustern füllen. Oder du malst mit verschieden großen, auf den Kopf gestellten Gläsern Kreise, überlappend, nebeneinander, konzentrisch. Lasse deiner Fantasie freien Lauf, nur mache all das absichtslos: Konzentriere dich dabei nicht auf das Ganze, sondern auf jeden Strich. Hier zwei Beispiele: ein einfaches und ein komplexes. Auf der gegenüberliegenden Seite kannst du gleich selbst starten.

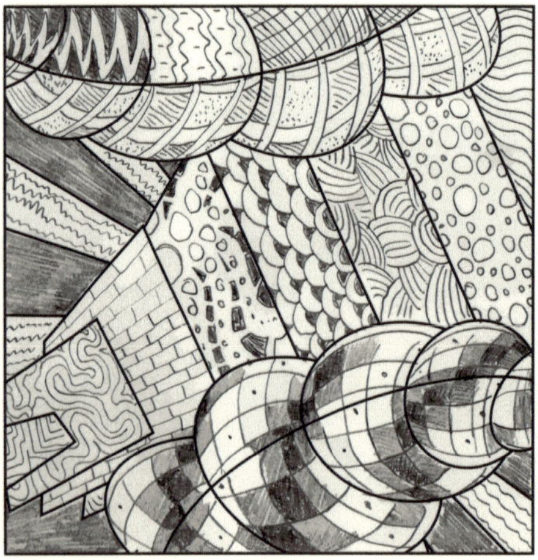

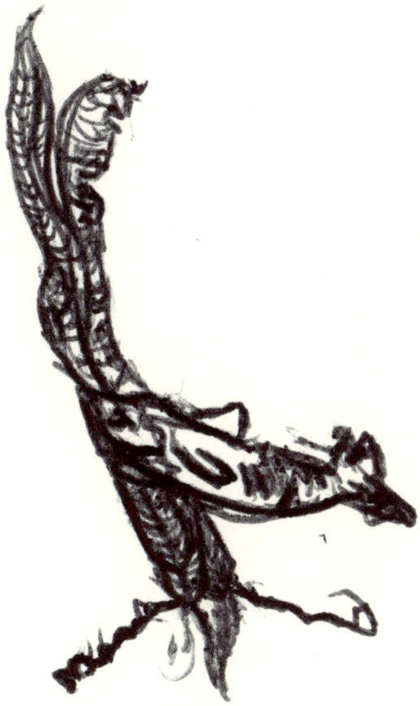

★★★ GERÄUSCH-MEDITATION

Dauer: 5 Minuten

Wir würden verrückt werden, wenn wir Geräusche und andere Außenreize nicht filterten, sondern ständig ungebremst an uns heranließen. Um die Achtsamkeit im Alltag zu fördern, kann man sich aber meditativ der gesamten Geräuschkulisse hier und jetzt widmen. Die Aufgabe besteht darin, »zu hören, was ist«, ohne die Geräusche zu bewerten. Eine leise Umgebung, wie man sie sonst zum Meditieren aufsuchen mag, ist in diesem Fall weniger geeignet. Übe die Meditation zum Beispiel auf dem Balkon oder während einer Bahnfahrt.

Setze dich entspannt hin und schließe, wenn du möchtest, die Augen. Vielleicht willst du deinen Blick auch lieber unfokussiert in eine mittlere Entfernung richten. Lasse den Atem einfach fließen.

Achte nun auf das, was du hörst. Die folgenden Fragen können helfen, die auf dich einströmenden Geräusche mit all ihren Eigenschaften bewusst wahrzunehmen:

- Welche Geräusche erreichen dich?
- Sind sie jeweils laut oder leise?
- Schwanken Lautstärken oder Tonhöhen?
- Empfindest du sie als angenehm oder als unangenehm?
- Geht eines durch Mark und Bein?
- Ist eines kaum zu hören?
- Horche auch auf Geräusche, die du sonst nicht wahrnimmst, weil sie übertönt werden oder keinerlei Bedeutung für dich haben.
- Welche Töne und Klänge nimmst du wahr, die du vorher noch nie gehört hast?
- Welche Klangqualitäten kannst du ausmachen? Rauschen, Knirschen, Knacken, Knacksen, Klicken, Zischen, Wummern ...
- Wie wirken die Geräusche auf dich? Wie fühlen sie sich an?
- Ist der Eindruck, den sie vermitteln, druckvoll, mächtig, unbeholfen, zart, schüchtern, leidend, anheimelnd ...?
- Sind die Geräusche erwartbar – etwa das Schnurren deiner Katze im Wohnzimmer, das Klingeln eines Telefons im Büro nebenan – oder treten sie gerade eben zufällig auf, wie das Heulen des Windes oder die Sirene der Feuerwehr?

- Unterhalten sich Menschen? Zwitschern Vögel, hupt ein Auto, rascheln Blätter? Bei Unterhaltungen besteht die Kunst darin, sie wahrzunehmen und an uns vorbeiziehen zu lassen, ohne den Worten einen inhaltlichen Sinn zu geben. Ganz so, als würden die Personen in einer uns fremden Sprache sprechen.

Manchmal tun sich Räume zwischen den Geräuschen auf, Pausen ... Kannst du die Stille hören?

Versuche einmal, die Luft wahrzunehmen, die dich umgibt und ohne die keiner dieser Töne zu dir dringen würde.

Beende die Übung, öffne die Augen beziehungsweise nimm wieder etwas in den Blick und höre wieder »ganz normal«.

Übungsalternative

Du kannst die Meditation auch mit einem Musikstück durchführen. Lausche aufmerksam und konzentriert. Aber lasse dich nicht von der Musik mitreißen, indem du zum Beispiel mitsummst. Nimm stattdessen jedes Instrument, jede Stimme für sich wahr.

EINE NEUE DIMENSION DES HÖRENS

★★★

Dauer: 5 Minuten

Ändert sich etwas in deinem Hörverhalten? Hörst du Geräusche, die du früher nicht wahrgenommen hast? Du kannst sie hier aufschreiben:

RAUS AUS DEM GEDANKENKARUSSELL!

Dauer: 5 Minuten

Oft richten wir die Gedanken auf ein bestimmtes Ziel, um etwa ein Problem zu lösen, einen Plan zu entwerfen, eine Entscheidung zu treffen. Und auch wenn wir das nicht tun, denken wir meistens. Sehr beliebt ist das nächtliche Abspulen der aufgelaufenen To-do-Liste. Das macht es schwer, in einen entspannten Schlaf zu finden. Auch tagsüber läuft das Karussell manchmal unaufhörlich und lässt uns keine Ruhe.

- ***Nimm eine Meditationshaltung ein. Tritt innerlich einen Schritt zurück und schau, welche Gedanken auftauchen. Setze dich nicht inhaltlich mit ihnen auseinander. Nimm jeden Gedanken einfach zur Kenntnis, betrachte ihn mit freundlichem Wohlwollen und lasse ihn dann ziehen wie eine Wolke am Himmel.***

- ***Nach einer Weile werden die Abstände zwischen den einzelnen Gedanken größer. Es gibt Pausen. Nimm auch diese wahr. Stelle lächelnd fest: Du hast gerade daran gedacht, dass du nichts denkst. Auch diesen Gedanken kannst du wahrnehmen und ziehen lassen, genau wie alle anderen Gedanken.***

- ***Beende wie gewohnt die Meditation mit einem tiefen Atemzug. Öffne langsam die Augen und spüre der Wirkung dieser Übung nach.***

Versuche auch im Alltag immer öfter, deine Gedanken bewusst wahrzunehmen.

GEFÜHLE BEOBACHTEN

Dauer: 5 Minuten

Es lohnt sich immer wieder, die eigenen Gefühle mit ein wenig Distanz zu betrachten. Wir gewinnen an innerer Unabhängigkeit und Stärke, wenn wir ihnen nicht hilflos ausgeliefert sind.

Nimm eine Meditationshaltung ein und lasse den Atem ruhig fließen. Rufe dir nacheinander verschiedene Gefühle in Erinnerung.

- Denke zurück an das letzte Mal, als du dich so richtig geärgert hast! Was warst du wütend! Der Atem ging schnell, das Blut rauschte regelrecht in den Ohren!
- Hole nun tief Luft und lasse sie langsam wieder ausströmen. Stelle dir vor: Mit dem Atem geht die Wut.
- Vergegenwärtige dir danach eine Situation, in der du enttäuscht warst, vielleicht sogar traurig. Spüre, wie die Mundwinkel nach unten gehen, wie sich vielleicht eine dunkle Schwere in deinem Brustkorb ausbreitet.
- Hole erneut tief Luft und atme das Gefühl langsam wieder aus.
- Nun erinnerst du dich an einen Moment, in dem du glücklich warst, egal ob aus großem oder kleinem Anlass.
- Wieder atmest du tief ein, lässt die Luft ausströmen und spürst schließlich, wie das Gefühl vergeht.

Beende die Meditation mit einem letzten tiefen Atemzug.

Du hast gerade drei unterschiedliche Emotionen durchlebt – und dir gleichzeitig dabei zugesehen. Versuche auch im Alltag immer wieder, auftauchende Gefühle auf diese Weise wahrzunehmen. Stelle dir vor, am Flussufer zu sitzen, und ab und zu treibt ein Gefühl vorbei, vielleicht »Freude« oder »Angst«. Nimm es wahr und lasse es weiterschwimmen. Mit der Zeit kannst du so auch in intensiven Momenten etwas Abstand zu überwältigenden Emotionen entwickeln.

ZÄHL-MEDITATION

Sieben, acht, neun …

Dauer: 5 Minuten

Mit dem meditativen Zählen kann man wunderbar Geduld und den liebevollen Umgang mit sich selbst üben.

Nice to know!

DAS FRECHE HÜNDCHEN

Der US-Meditationslehrer Jack Kornfield verwendet als Bild für Meditationsübungen die Erziehung zum »Sitz!« bei einem jungen Hündchen. Man sagt: »Sitz!«, doch das Hündchen läuft davon. Also fängt man es ein und setzt es wieder hin und sagt noch mal: »Sitz!« Vielleicht bleibt es eine Weile, oder es läuft wieder davon. Früher oder später jedenfalls muss man es erneut einfangen und wieder hinsetzen und sagen: »Sitz!« Mit derselben freundlichen Ausdauer empfiehlt Kornfield, die eigene Konzentrationsfähigkeit zu schulen.

Nimm deine Meditationshaltung ein und beginne im Rhythmus des Atems zu zählen. Beim Einatmen sagst du jeweils im Geiste »eins«. Beim Ausatmen »zwei«:

Einatmen - eins
Ausatmen - zwei
Einatmen - eins
Ausatmen - zwei
und so weiter …

Vergisst du zwischendurch weiterzuzählen? Denkst du gerade an die Einkaufsliste? An den nächsten Urlaub? Kommst du durcheinander mit den Zahlen? Ärgere dich nicht darüber, sondern sei liebevoll mit dir! Fange von vorn an, immer wieder.

Einatmen - eins
Ausatmen - zwei
Einatmen - eins
Ausatmen - zwei
und so weiter ...

Wenn du dich erneut dabei ertappst, dass du nicht mehr zählst, sondern denkst oder träumst, kehrst du erneut geduldig zur Übung zurück. Immer wieder, sooft es eben nötig ist.

Übungsalternative

Diesmal zählst du die Atemzüge. Also eins, zwei, drei ... immer beim Einatmen, beim Ausatmen kannst du in Gedanken die jeweilige Zahl wiederholen (musst du aber nicht). Wenn du zehn erreicht hast, fängst du wieder von vorn an. Und noch einmal ...

Einatmen - eins
Ausatmen - (eins)
und so weiter, bis:
Einatmen - zehn
Ausatmen - (zehn)
Dann wieder von vorn:
Einatmen - eins
Ausatmen - (eins)
und so weiter ...

Steigerung: Du kehrst nicht nach der Zehn zur Eins zurück, sondern zählst immer weiter. Erst wenn du dich in Tagträumen oder im Gedankenkarussell verlierst, beginnst du wieder von vorn. An manchen Tagen wirst du weit kommen, an anderen nicht. So ist das Leben.

ALLES DARF SEIN, WIE ES IST

Relax!

Dauer: 10 Minuten oder länger

Das Leben seinen Gang gehen zu lassen kann verdammt schwierig sein. Oft haben wir das Gefühl, etwas tun zu müssen. Wir wollen nützlich sein und viel erledigen. Doch die schönsten Momente geschehen, wenn wir im Gras unter einem hohen Baum liegen und dem Spiel der Sonnenstrahlen zwischen den Blättern zusehen! Wenn wir für einen Moment, ein paar Minuten oder einen Nachmittag lang nichts tun müssen. Wenn alles so sein darf, wie es gerade ist.

- Suche dir einen Ort, an dem du ungestört bist, auch vom Telefon. Nimm deine bevorzugte Meditationshaltung ein und komme einige Atemzüge lang zur Ruhe.

- Richte die Konzentration auf den Atem. Atemzug für Atemzug. Ab und zu wird ein Gedanke auftauchen – du beginnst zu träumen oder zu planen. Lasse den Gedanken ziehen, kehre zurück zum Atemgeschehen.

- Du sitzt oder liegst still da und atmest. Mehr nicht.

- Sobald du merkst, dass du einem Gedanken folgst, entscheide dich dafür, dich wieder auf den Atem zu konzentrieren. Mehr ist gerade nicht zu tun.

- Mache dir bewusst, dass die Welt sich ein paar Minuten lang auch ohne dein Zutun weiterdreht. Du musst nicht ständig etwas machen, um deine Anwesenheit auf diesem Planeten zu rechtfertigen. Du darfst jetzt nur »sein«.

- Folge auftauchenden Gedanken nicht. Für diese wenigen Minuten gibt es nichts zu tun, nichts zu erledigen. Diese Zeit gehört nur dir.

- Hole schließlich tief Luft und lasse sie langsam und mit einem Lächeln ausströmen. Erfreue dich an der Sonne in deinem Herzen. Trage die Freude hinaus in die Welt und lasse andere Menschen daran teilhaben.

ACHTSAM STEHEN

Dauer: 2 Minuten

Wir stehen ständig. In einer Schlange, in öffentlichen Verkehrsmitteln, an der Bar ... Doch meist spüren wir gar nicht genau, wie wir eigentlich stehen.

1. Stelle dich aufrecht hin. Die Füße sind etwa hüftbreit voneinander entfernt. Verlagere das Gewicht von einem Fuß auf den anderen, bis beide Füße gleichmäßig belastet sind. Verlagere nun dein Körpergewicht weiter nach vorn oder nach hinten, sodass auch Fußballen und Ferse gleichmäßig belastet sind. Dasselbe gilt für die Innen- und Außenseite des Fußes. Dein Körpergewicht ruht nun gleichmäßig auf vier Punkten: dem linken und dem rechten Fußballen sowie der linken und der rechten Ferse.
2. Stelle dir vor, dass jemand an einem unsichtbaren Faden zieht, der vom höchsten Punkt deines Kopfes nach oben führt. Das Kinn geht dadurch etwas nach unten. Nimm die Schultern nach hinten und die Brust leicht nach vorn. Das Becken ist aufgerichtet, sodass weder ein Hohlkreuz noch ein Rundrücken entstehen.
3. Experimentiere nun damit, langsam und aufmerksam dein Gewicht zu verlagern ... auf den linken Fuß ... auf den rechten Fuß ... in Richtung des linken Vorderfußes ... in Richtung der rechten Ferse ... und so weiter.
4. Komme immer wieder zur Mitte. Genieße deine zentrierte Körperhaltung.
5. Atme tief ein, lasse den Atem langsam ausströmen und beende die kurze Meditation mit einem Lächeln.

So geht es mir nach dieser Übung:

_ _

_ _

★★★ KÖRPERREISE (BODY-SCAN)

Dauer: 30 Minuten

Ohne einen Finger zu rühren, können wir beim Body-Scan durch unseren ganzen Körper reisen. So kommen wir unserem physischen »Sein« und allen Eindrücken, die unser Körper uns tagaus, tagein vermittelt, wieder näher. Entspannung kann ein angenehmer Nebeneffekt dieser Meditation sein. Doch im Unterschied zu autogenem Training oder progressiver Muskelentspannung geht es hier allein darum, jeden Körperbereich so genau wie möglich wahrzunehmen.

1. Lege dich auf den Rücken. Du kannst auf einem Bett oder auf einer Decke beziehungsweise Matte auf dem Boden liegen.
2. Hole einmal tief Atem und lasse diesen langsam ausströmen. Richte die Konzentration dann auf deinen linken Fuß, ganz speziell auf den kleinen Zeh. Kannst du ihn spüren? Wenn du ihn tatsächlich wahrgenommen hast, konzentriere dich auf die mittleren Zehen, dann auf den großen Zeh, den Spann des Fußes, die Fußsohle, die Ferse, den Knöchel. Jedem dieser Körperteile solltest du mindestens zwei Atemzüge lang deine Aufmerksamkeit widmen.
3. Es folgen das linke Schienbein, die linke Wade. Die Kniescheibe. Die Kniebeuge. Der Oberschenkel, erst die Vorderseite des Oberschenkels, dann die Rückseite. Die Leistenbeuge, das linke Hüftgelenk. Wieder jeweils mindestens zwei Atemzüge lang.
4. Nun wechselst du zum rechten Bein: kleiner Zeh, die mittleren Zehen, großer Zeh – Spann des Fußes, Fußsohle, Ferse. Knöchel, Schienbein, Wade, Kniescheibe, Kniebeuge, Oberschenkel vorn und hinten, Leistenbeuge, rechtes Hüftgelenk.
5. Spüre nacheinander und wiederum jeweils für mindestens zwei Atemzüge in den gesamten Beckenbereich einschließlich Hüften, Pobacken, Genitalien. Dann in den unteren Rücken, den Bauch, den oberen Rücken, den Brustkorb und die Brust, in das Herz und die beiden Lungenflügel. Danach richte die Aufmerksamkeit auf die Schulterblätter und die Schultern selbst.
6. Du kannst als Nächstes beide Arme zugleich erspüren oder auch einen nach dem anderen: Fingerspitzen, jeden einzelnen Finger, Handfläche, Handrücken, Handgelenk, Unterarm, Ellenbogen, Oberarm, Achselhöhle. Schließlich erreichst du erneut die Schultern.

7. Nun fühle möglichst achtsam hinein in den Hals, ins Gesicht, das Kinn, die Lippen, die Nase, die Wangen, die Augen, die Augenlider, die Stirn, die Schläfen, die Ohren, die Kopfhaut, den Hinterkopf.
8. Nimm noch einen Moment lang den Körper als Ganzes wahr, dann atme tief ein, lasse den Atem langsam ausströmen und beende die Meditation.

➧ Welche Gefühle sind aufgetreten? (Etwa Anspannung/Entspannung, Brennen, dumpf, Jucken, kalt/warm, Klopfen, Kribbeln, leicht/schwer, Pochen, Prickeln, Stechen, steif/weich, taub, Ziehen, Zittern ...)

_ _

_ _

Haben dich Gedanken daran gehindert, deinen Empfindungen nachzuspüren?

○ Ja, eigentlich während des ganzen Body-Scans.

○ Ja, gelegentlich. Aber dann konnte ich mich wieder auf die Gefühle einlassen.

○ Nein, gar nicht.

○ _

Nice to know!

DEN KÖRPER WIE EIN INSTRUMENT STIMMEN

Sofern du Schmerzen empfindest, zum Beispiel im unteren Rücken, werden diese durch den Body-Scan nicht verschwinden. Viele Menschen berichten aber, dass es ihnen auf diese Weise gelingt, ihre Schmerzen besser zu akzeptieren, und dass sie diese bei regelmäßigem Üben als weniger störend empfinden. Der US-Meditationslehrer Jon Kabat-Zinn erklärt: »Wenn wir unseren Körper als Musikinstrument sehen, so ist der Body-Scan sozusagen das Stimmen. Betrachten wir unseren Körper als Haus, so ist der Body-Scan der Frühjahrsputz, wir reißen die Fenster auf und lassen die frische Luft der Achtsamkeit herein.«

MANDALA-MEDITATION

Dauer: 5 bis 30 Minuten

Mandalas sind vor allem aus dem Hinduismus und Buddhismus bekannt. Sie dienen den Menschen seit jeher zur Versenkung. Ein kreisförmiges, symmetrisches Mandala auszumalen oder auch selbst zu entwerfen kann eine wundervoll entspannende und zentrierende Wirkung haben! Hier ein paar Möglichkeiten zum Ausmalen. Auf Seite 32 und 33 findest du zwei leere Kreise, um eigene Mandalas zu entwerfen.

Zum Ausmalen

Benennen, benennen!

DEN DINGEN EINEN NAMEN GEBEN

Dauer: 10 Minuten

Die Vipassana-Meditation ist eine über 2 500 Jahre alte Meditationstechnik. Der Meditierende erkundet im Rahmen einer Meditationsübung, aber vor allem über einen längeren Zeitraum hinweg zuerst den eigenen Körper, dann den eigenen Geist, um schließlich alles genau so zu sehen, wie es wirklich ist (dazu mehr auf der nächsten Seite). Ein Werkzeug auf dem Weg dorthin ist das sogenannte »Labelling« (»Benennen«), das auch für sich allein genommen – wie in dieser Meditation – sehr hilfreich sein kann.

1. Nimm eine Meditationshaltung mit aufrechtem Rücken ein. Atme tief ein und aus und schließe die Augen, wenn es dir angenehm ist.
2. Achte beim nächsten Atemzug darauf, wie sich die Bauchdecke hebt. Verfolge diese Bewegung aufmerksam: wie sie beginnt, wie die Bauchdecke höher geht und dann ihren höchsten Punkt erreicht. Sage dabei stumm im Geist: »heben, heben«.
3. Achte danach ebenso aufmerksam auf das Senken der Bauchdecke. Verfolge auch dieses über den gesamten Verlauf hinweg. Sage dabei stumm im Geist: »senken, senken«.
4. Wiederhole das Beobachten des Atems und der zugehörigen Bewegung der Bauchdecke und sage dabei jedes Mal stumm im Geiste: »heben, heben« und »senken, senken«.
5. Fällt dir auf, dass deine Aufmerksamkeit abgeschweift ist, so benenne den Gegenstand deiner Aufmerksamkeit. Wenn du etwas hörst, siehst oder schmeckst, sagst du stumm im Geiste: »hören, hören« oder »sehen, sehen« oder »schmecken, schmecken« und kehrst danach zum Beobachten des Atems zurück: »heben, heben«, »senken, senken«. Körperliche Wahrnehmungen benennst du entsprechend: »jucken, jucken«, »Wärme, Wärme«, »Bewegung, Bewegung«, »Druck, Druck« und so weiter. Wichtig ist nicht die präzise Bezeichnung dessen, was sich da bemerkbar macht, sondern vielmehr das Wahrnehmen des Abschweifens – und die Rückkehr zum Beobachten des Atems.
6. Ebenso wie mit physischen Wahrnehmungen verfährst du mit geistigen Abschweifungen: »denken, denken«, »planen, planen«, »erinnern, erinnern« … Dann kehrst du zurück zum Atem: »heben, heben«, »senken, senken«.

7. Du beendest die Meditation, indem du dir vornimmst, die Augen zu öffnen – »vornehmen, vornehmen« –, dann öffnest du sie – »öffnen, öffnen« – und soweit es dir möglich ist führst du die Meditation in den Alltag hinein fort: »aufstehen, aufstehen«, »gehen, gehen«, »sehen, sehen«, »heben, heben«, »senken, senken«, »greifen, greifen« und so weiter.

Im Rahmen eines Vipassana-Retreats – eines Meditationsseminars, das über zwei oder mehr Tage geht – ist man bemüht, diese Art der Aufmerksamkeit den ganzen Tag über aufrechtzuerhalten. Im Alltag empfiehlt es sich, die Meditation, wenn es sich richtig anfühlt, mit »beenden, beenden« zum Abschluss zu bringen.

Nice to know!

WIE WIRKLICH IST DIE WIRKLICHKEIT?

Durch das »Labelling« können wir erkennen, dass zwischen unserer Wahrnehmung und unserer Reaktion darauf stets ein Abstand besteht. Er ist mal größer und mal kleiner, aber wir sind nicht das, was wir wahrnehmen. Wir können so unsere Wahrnehmung immer weiter schulen, bis wir möglichst nah an das herankommen, was wirklich ist. Das heißt, ich bin nicht wütend, sondern ich empfinde Wut. Und: Die Kassiererin ist nicht langsam, sie erscheint mir bloß so. Vielleicht ist sie es auch, aber vielleicht hat sie auch nur einen schlechten Tag oder ist abgelenkt. Wir wissen es nicht. Was wir wissen können, ist, wie wir sie wahrnehmen. Zugleich ermöglicht diese Perspektive es uns auch, differenzierter hinzusehen, ob jemand, der uns nervt (sogar wir selbst), zum Beispiel eher ärgerlich oder gestresst oder ängstlich oder gehetzt wirkt. Je präziser, desto besser. Ziel ist nicht, Verständnis zu entwickeln, obwohl das passieren kann. Ziel ist nur, die eigenen Vorurteile und superschnellen Wertungen zu überprüfen.

Meine Erfahrungen mit dem Benennen von Wahrnehmungen:

BERG-MEDITATION

Dauer: 20 Minuten

Stell dir vor, du bist ein Berg. Ein Berg vermittelt ein Bild von Stärke und von Geerdetsein: Er hat eine breite, feste Basis, steht aufrecht und trägt seinen Gipfel in der klaren Luft. Er ist also standfest und gleichzeitig ein wenig »über den Dingen«. Aus dieser Meditation kannst du etwas von der Stärke des Berges mit in den Alltag nehmen. Die Übung lädt dich aber auch ein, dir die Details »deines« Berges anzuschauen. Sie symbolisieren dein eigenes Ich – oder deine Wünsche und Träume für dich selbst.

1. Wähle für diese Übung eine möglichst stabile Meditationshaltung. Du kannst auf einem Stuhl sitzen, dessen Lehne deinen unteren Rücken stützt. Oder auf einem Meditationskissen (oder zwei zusammengefalteten, übereinandergestapelten Handtüchern) im Schneidersitz auf dem Boden. Wenn du Mühe hast, den Rücken längere Zeit entspannt aufrecht zu halten, suche dir für die Bergmeditation eine Stütze – schiebe zum Beispiel dein Meditationskissen dicht vor die Wand, sodass du dich bei Bedarf leicht anlehnen kannst.
2. Schließe die Augen, hole tief Atem und lasse die Luft ausströmen. Noch einmal: ein ... aus ... Spüre, wie dein Körper eine tiefere Verbindung zu deiner Sitzgelegenheit eingeht. Richte die Aufmerksamkeit für ungefähr zehn langsame Atemzüge auf deinen Atem.
3. Lasse nun das Bild eines Berges vor deinem inneren Auge entstehen. Es muss kein Berg sein, den du kennst. Versuche, den schönsten Berg vor dir zu sehen, der dir einfällt oder den du dir vorstellen kannst. Schaue ihn dann genau an: Ist er hoch und spitz oder hat er eher einen breiten, lang gezogenen Rücken? Überziehen ihn schroffe Felsen oder sanfte Hügel? Nimm die Massivität des Berges wahr, den aufragenden Gipfel, den tief in der Erdkruste verwachsenen Fuß. Ist dein Berg Teil einer Bergkette – oder steht er für sich allein? Er kann steile Hänge aufweisen, sanft abfallende Flanken oder beides. Anfangs ragt der Gipfel deines Berges in einen wolkenlosen, hellblauen Himmel hinein.

Nun lässt du nach und nach weitere Details des Berges aus deinem Unterbewusstsein aufsteigen. Er wird sich verändern, das ist in Ordnung. Das Wetter und der Berg selbst werden sich deiner aktuellen Gefühlslage – oder deinen Wünschen und Hoffnungen – anpassen. Gehe geduldig vor, warte ab, sieh genau hin. Atme dabei ruhig und gleichmäßig weiter. Vielleicht zieht ein Unwetter auf und es beginnt zu blitzen, zu regnen oder zu hageln. Oder es bleibt sonnig und warm? Versuche nicht, das Bild des Berges bewusst zu beeinflussen. Wie der Berg genau aussieht, welches Wetter herrscht, ist für den Erfolg der Meditation unerheblich.

4. (optional) Wenn du möchtest, kannst du hier deinen Berg skizzieren oder in Stichworten beschreiben. Je genauer, desto besser!

5. Wenn du die vorangehende Möglichkeit genutzt hast, schließe jetzt wieder die Augen. Stelle dir vor, wie du dich in diesen Berg verwandelst, sozusagen mit ihm verschmilzt. Dein Körper wird schwer und ruhig. Du sitzt gut geerdet auf deinem Platz. Identifiziere dich so gut wie möglich mit dem Berg, der vor deinem geistigen Auge entstanden ist. Atme dabei weiter tief und gleichmäßig. Auch dein Atem sollte sich anfühlen wie der »Atem des Berges«, langsam und entspannt.

Nimm das ganze Wesen des Berges in dich auf. Übertrage alle Eigenschaften des Berges auf dich selbst. Dein Kopf wird zum Gipfel, deine Schultern und Arme sind die Hänge und Flanken, dein Becken und deine Beine sind der Fuß des Berges, fest mit der Erde verbunden. Du bist der Berg!
Wenn du dich auf diese Weise ganz und gar mit dem Berg identifizierst, lasse deinen Geist in der Meditation ruhen. Dafür solltest du dir mindestens zwanzig ruhige Atemzüge Zeit geben, eventuell auch länger.

6. Hole nun tief Atem und beginne mit dem nächsten Abschnitt der Meditation. Du – als Berg – lässt jetzt vor deinem inneren Auge alle Tages- und Jahreszeiten vorüberziehen.
Stelle dir vor, wie die Morgensonne dich weckt, die Mittagssonne scheint warm auf deine Seiten. Spüre auch die Kälte und den Wind der Nacht, ihre tiefe Dunkelheit, das Mondlicht, das Funkeln der Sterne. Bleibe dabei stets ruhig und unbeeindruckt wie ein wahrer Berg. Lasse alles vorüberziehen.
Es folgt der Lauf der Jahreszeiten. Im Frühling breitet sich ein leuchtendes Grün auf den Hängen aus. Vielleicht werden Kühe oder Ziegen auf die Weiden heraufgetrieben. Im Sommer strahlen bunte Blumen auf den Wiesen. Dann kommt der Herbst, Wind und Regen peitschen über die Felswände, vielleicht verhüllt Nebel den Gipfel. Im Winter sind die Hänge von Schnee und Eis bedeckt. Wie immer deine Jahreszeiten aussehen, versuche, diese möglichst genau zu betrachten und zu fühlen.
7. Sauge dich voll mit der Kraft deines Berges. Beständigkeit, Erhabenheit, Zeitlosigkeit, Gelassenheit – spüre diese Eigenschaften des Berges in dir. Nichts kann ihn aus der Ruhe bringen, er überdauert alle Zeit. Haben seine Wände Scharten, Schluchten und Geheimnisse? Spielen Kinder fröhlich auf seinen Hängen? Gibt es Tiere? Egal, was geschieht, dem Berg selbst ist es einerlei, was andere von ihm halten. Er ist, wie er ist. Auch hierfür solltest du dir wieder mindestens zwanzig ruhige Atemzüge Zeit geben.
8. Atme nun tief ein, dann lasse deinen Atem ausströmen. Öffne langsam die Augen. Versuche, die Stärke und Ruhe des Berges mit in deinen Alltag zu nehmen. So wie das Wetter nicht den Berg beunruhigt, hältst auch du jedem Sturm der Eindrücke und Emotionen stand.
9. (optional) Wenn du möchtest, kannst du hier abschließend deine Erkenntnisse und Einsichten aus deiner Berg-Meditation notieren. Dabei dienen die folgenden Fragen nur als Anregung.

Welches Wetter herrschte in deiner Vorstellung auf dem Berg?

Was könnte dieses Wetter in Bezug auf dein Leben bedeuten?

Was könnten Eigenheiten des Berges in deinem Leben verkörpern?

Welche Tages- oder Jahreszeit war dir angenehm oder unangenehm?

Und hast du eine Idee, warum?

Wie könntest du das, was du heute gelernt hast, im Alltag umsetzen?

★★★ ADLER-MEDITATION

Dauer: 20 Minuten

Der Adler ist der König der Lüfte. Er steht für Ausdauer und Kraft, Eleganz und Schnelligkeit. Aus großer Höhe hat er einen guten Überblick, kann aber mit seinen scharfen Augen auch eine kleine Maus erkennen. Nicht zuletzt ist er ein Symbol der Freiheit. Warum also nicht all diese Eigenschaften durch eine Visualisierungsübung für sich nutzen?

Mit dieser Meditation schärfst du deinen Blick für das große Ganze ebenso wie fürs kleinste Detail. Und du kannst mit ihr eine ungeahnte Unabhängigkeit genießen.

- Nimm deine bevorzugte Meditationshaltung ein und schließe wenn möglich die Augen. In deiner Vorstellung wirst du nun zu einem Adler. Du breitest deine Flügel aus und schwebst mit Leichtigkeit hoch über dem Land.

- Spüre den Aufwind, der dich trägt, die frische Luft, die dich umweht. Mit kräftigem Flügelschlag verleihst du dir Schwung und fliegst weiter, immer weiter ... Mühelos ziehst du deine großen Kreise und gleitest dahin.

- Weit unter dir siehst du Straßen und Felder, Menschen und Wälder. Autos und Häuser sind klein wie Spielzeug. Du kannst auch Tiere erkennen, Kühe auf ihren Weiden, Schafe, Hunde an der Leine. Versuche, die Details möglichst deutlich vor dir zu sehen. Ein Hund schaut zu dir hoch und bellt. Einige Kinder, die miteinander spielen, bleiben stehen und zeigen zu dir in den Himmel. Sie legen die Köpfe in den Nacken und schauen dir voller Bewunderung nach. Du genießt diese Mischung aus Neugierde und Faszination. Und freust dich auch selbst an der Eleganz deines Fluges, an der perfekt für das Fliegen gemachten Form deines Körpers, an deiner Kraft und Ausdauer. Du lächelst.

- Du fliegst weiter, immer weiter, wohin du willst – schwerelos, grenzenlos. Unter dir siehst du die Welt. Am Horizont zeichnet sich das Meer ab, ein blauer Streifen. Schaust du zur anderen Seite, siehst du dort hinter einem diesigen Wolkenband die Umrisse der Berge. Wenn du etwas entdeckst, das dich interessiert, verringerst du deine Flughöhe und siehst es dir aus sicherer

Distanz genauer an. Du umkreist das Objekt und betrachtest es von allen Seiten, bis du alles weißt, was es zu wissen gibt.

- (optional) In vielen Kulturen ist der Adler der Vogel der Weisheit. Wenn du Rat suchst, ergänze die Meditation an dieser Stelle durch einen Perspektivwechsel. Du sitzt oder stehst nun am Boden und beobachtest den Adler. Er fliegt langsam auf dich zu, landet und überbringt dir in seinem Schnabel einen Brief. Dieser Brief wird genau die Worte enthalten, die dir weiterhelfen. Wenn du möchtest, kannst du diesen Brief an dich selbst hier niederschreiben:

- Nun bist du wieder der Adler. Wenn du zufrieden bist und alles gesehen hast, änderst du die Richtung und fliegst davon. Du erreichst einen Wald, suchst dir einen sicheren Platz auf einem hohen Baum und landest auf einem Ast. Mit einem tiefen Atemzug legst du zufrieden die Flügel an und kommst zur Ruhe. Du kannst spüren, wie sich dein Blutkreislauf verlangsamt. Deine Schwingen schmiegen sich an deinen Oberkörper wie in einer Umarmung. Atme einmal tief ein, dann wieder aus. Noch einmal. Strecke dich langsam, öffne die Augen und komme wieder zurück in die normale Alltagswelt.

CHAKRA-MEDITATION

Dauer: 10 Minuten

In der indischen Hindu-Tradition gibt es die Vorstellung von sieben Energiezentren im Körper. Sie heißen Chakras oder auch Chakren, man darf beides sagen. Am besten fühlen wir uns, wenn die Energie im Körper ungehindert von einem Chakra zum nächsten fließen kann und sich so immer dort, wo wir es gerade brauchen, ausreichend Kraft befindet.
Jedem Chakra sind eine Farbe und eine Klang-Silbe zugeordnet. Eine Übung, um den Energiefluss zu verbessern, besteht darin, die Augen zu schließen und vom untersten bis zum obersten Chakra die jeweilige Silbe mit lang gezogenem Vokal zu summen und sich dabei an der entsprechenden Stelle ein Leuchten in der jeweiligen Farbe vorzustellen. Mit dieser Übung weckt man sozusagen die einzelnen Chakras, und wenn die eigene Energie irgendwo festhing, kann sie jetzt wieder frei fließen. So soll sich auf Dauer ein natürliches Gleichgewicht zwischen unseren unterschiedlichen Bedürfnissen und Wünschen einstellen.

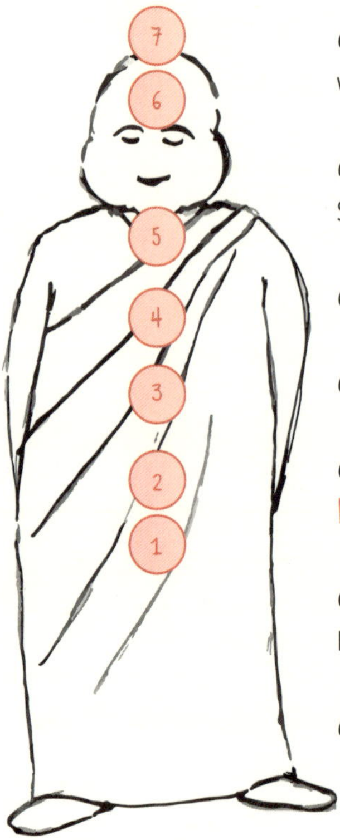

Chakra 7 (Lage: oben am Kopf). Silbe: stummes Om. Farbe: weißes Strahlen

Chakra 6 (Lage: etwas oberhalb der Mitte der Augenbrauen). Silbe: Om. Farbe: dunkles Violett

Chakra 5 (Lage: Hals). Silbe: Ham. Farbe: blau

Chakra 4 (Lage: Mitte der Brust). Silbe: Yam. Farbe: hellgrün

Chakra 3 (Lage: etwas unterhalb des Rippenbogens). Silbe: Ram. Farbe: gelb

Chakra 2 (Lage: etwas unterhalb des Nabels). Silbe: Vam. Farbe: orange

Chakra 1 (Lage: Höhe des Steißbeins). Silbe: Lam. Farbe: rot

1. Nimm deine Meditationshaltung ein und schließe die Augen. Das erste Chakra wird Wurzel-Chakra genannt, weil alles, was wir tun und erleben, hier »verwurzelt« ist. Es befindet sich am unteren Ende der Wirbelsäule. Wenn du mit der Hand über deinen Rücken tastest, kannst du knapp oberhalb der Pofalte einen Buckel spüren – ungefähr auf dieser Höhe sitzt das Wurzel-Chakra. Hier sammelt sich die Energie, die wir brauchen, um unsere Grundbedürfnisse zu befriedigen: Essen, ein Dach über dem Kopf, Sicherheit und Geborgenheit. Die Farbe des Wurzel-Chakras ist Rot. Die zugehörige Silbe heißt »Lam«.
   Stell dir also ein rotes Leuchten am Steißbein vor und summe dazu »Laaaaaaaaaaaaaaaaaammmmmmmmm«.
2. Das zweite Chakra ist zuständig für Träume und Gefühle, für den Geschmackssinn und auch für die Sexualität. Es liegt drei Finger breit unter dem Bauchnabel. Also ungefähr dort, wo sich der Gummibund deiner Unterhose befindet. Die Farbe ist Orange und die Silbe heißt »Vam«. Also: Stelle dir in diesem Bereich ein orangenes Leuchten vor und summe »Vaaaaaaaaaaaaaaaaaammmmmmmmm«.
3. Danach kommt der Solarplexus, das dritte Chakra. Hier sitzt das Ego – unser Wunsch, genau so wahrgenommen zu werden, wie wir wirklich sind. Auch der Drang nach Ruhm und Reichtum ist hier zu Hause. Der Solarplexus ist die weiche Stelle knapp unterhalb der Rippenbögen. Die Farbe dieses Chakras ist Gelb, sein Mantra heißt »Ram«. Also: Ein gelber Schein bildet sich in der Mitte des Oberkörpers und wir summen: »Raaaaaaaaaaaaaaaaaammmmmmmmm«.
4. Das Herz-Chakra befindet sich auf der Höhe des Herzens in der Mitte der Brust. Tippe dir einmal kurz an dieser Stelle auf das Brustbein und du wirst sofort merken: Ah, genau – denn dort ist unser Gefühl für Berührungen beheimatet. Dieses Chakra ist außerdem zuständig für Selbstlosigkeit und Güte anderen gegenüber. Seine Farbe ist Hellgrün, das Mantra lautet »Yam« (gesprochen: Jam, mit J wie Joghurt). Lasse im Brustbereich ein helles Grün leuchten und summe: »Yaaaaaaaaaaaaaaaaaammmmmmmmm«.

Konntest du spüren, wie die Resonanz dieser Silbe im Oberkörper widerhallt?

5. Im Hals sitzt das fünfte Chakra. Hier entscheidet sich, wie wir unsere Umwelt wahrnehmen und interpretieren. Dazu passt, dass auch unser Sinn für Hören sowie die Fähigkeit, unsere Wünsche zum Ausdruck zu bringen, hier beheimatet sind. Die Farbe ist Blau, die zugehörige Silbe lautet »Ham«. Schließe deine Augen, stelle dir ein blaues Strahlen im Halsbereich vor und summe: »Haaaaaaaaaaaaaaaaaaaaammmmmmmmmm«.
Die Vibration im Hals kann unser Bedürfnis wachrütteln, etwas zur Sprache zu bringen – oder bei einer Angelegenheit genauer hinzuhören.
6. Das sechste Chakra wird auch »drittes Auge« genannt. Es liegt zwischen den Augenbrauen, im unteren Bereich der Stirn. Man sagt, mit dem dritten Auge könnten wir die Dinge so wahrnehmen, wie sie wirklich sind – und somit das Göttliche in uns und anderen sehen. Unsere Intuition hat hier ihr Zuhause. Die Farbe des dritten Auges ist ein dunkles Violett, die zugehörige Silbe lautet »Om«. Für das Mantra »Om« gibt es zwei unterschiedliche Aussprachen. Manche Leute sagen »Om«, andere sprechen es »Aum«. Du kannst ja beides ausprobieren.
Schließe also die Augen und stelle dir ein lila Licht in der Mitte zwischen deinen Augenbrauen vor, dann summst du »Oooooooooooooooooooommmmmmmmmm«.
7. Das siebte Chakra schließlich befindet sich genau oben auf dem Kopf am Scheitelpunkt. Hier sind wir, sagt man, direkt mit der Kraft des Universums verbunden. Die Farbe dieses Chakras ist ein weißes Strahlen, sein Mantra ist ein stummes »Om«, nur im Geiste gesprochen. Stelle dir ein gleißendes weißes Strahlen oben auf deinem Kopf vor und summe im Stillen: »Ooooooooooooommmmmmmmmm« (stumm).
8. Lasse die Übung noch einen Moment nachhallen, dann nimm einen tiefen Atemzug und öffne, während du den Atem langsam wieder ausströmen lässt, die Augen.

Achte im Tagesverlauf einmal darauf, ob sich einer oder mehrere der aktivierten Bereiche anders anfühlen als sonst.

NEUE WEGE GEHEN

Dauer: 10 Minuten

Was wir kennen, nehmen wir oft kaum noch richtig wahr. Vom Gewohnten abzuweichen erfordert dagegen unsere besondere Aufmerksamkeit – und regt sie zugleich an.

- ***Bei dieser Übung brauchst du mal keine Meditationshaltung einzunehmen. Überlege dir etwas, das du tagtäglich gewohnheitsmäßig tust: mit dem Bus zur Arbeit fahren, die Kinder mit dem Auto zur Schule bringen, immer dieselbe Strecke joggen ...***
- ***Nimm beim nächsten Mal eine andere Route. Du wirst erstaunt feststellen, wie viel Neues um dich herum zu sehen ist.***
- ***Achte darauf, wie es dir mit der Veränderung geht. Empfindest du die Abweichung von der Routine eher als angenehm oder als unangenehm? Belebend oder beunruhigend? Lästig oder interessant?***

Übungsalternative

Du kannst zum Beispiel über einen bestimmten Zeitraum hinweg jeden Tag in der Mittagspause ein neues, dir bislang unbekanntes Lokal besuchen. Setzte dich und sieh dich genau um. Nimm die Eindrücke wahr, als wolltest du später eine Reportage schreiben – natürlich wie immer ohne zu werten! Oder trinke morgens Tee statt Kaffee. Benutze den Fahrstuhl statt der Treppe. Gehe in ein Geschäft, das du normalerweise nie betreten würdest – eine schicke Boutique oder einen Secondhandladen. Variiere deine Verhaltensweisen: Wenn du immer alles schnell erledigst, lasse dir Zeit. Oder du drückst umgekehrt mal so richtig aufs Gas.

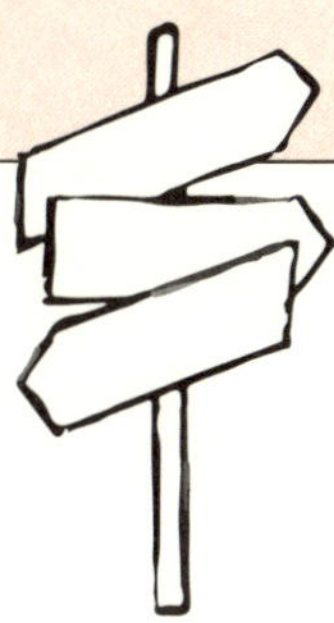

MEDITATION MIT DEM INNEREN KIND

Sei gut zu dir!

Dauer: 15 Minuten

In jedem von uns lebt das innere Kind fort, das wir einmal gewesen sind. Oft macht es sich in Krisensituationen bemerkbar. Wir handeln dann nicht entsprechend unserem Alter, sondern wie ein hilfloses Kind. Die Arbeit mit dem inneren Kind ist ein psychotherapeutischer Ansatz, bei dem es darum geht, alte Wunden zu heilen und mittlerweile untauglich gewordene Wertvorstellungen zu erkennen und abzulegen. Vor allem aber können wir uns dadurch zu einer selbstverantwortlichen Persönlichkeit entwickeln sowie einen liebevollen Umgang mit uns selbst und anderen erlernen.

Es ist ratsam, die Übung in einem geschützten Rahmen durchzuführen, denn viele Menschen werden sehr emotional, wenn sie zum ersten Mal ihrem inneren Kind begegnen.

Nice to know!

NICHT OHNE MEINEN THERAPEUTEN

Menschen, die in ihrer Kindheit ein schweres Trauma erlebt haben, sollten eine solche Übung nicht ohne professionelle Begleitung durchführen. Falls du während der Meditation das Gefühl bekommst, dich zu überfordern, steige aus und konzentriere dich auf deine Atmung. Vielleicht willst du es zu einem späteren Zeitpunkt im Rahmen einer Therapie noch einmal versuchen.

1. Setze dich an einen ruhigen Platz. Atme mehrmals tief ein und langsam wieder aus. Du kannst spüren, wie sich frische Energie in dir ausbreitet.
2. Nun stellst du dir vor, dass neben dir ein Kind Platz nimmt. Ein Mädchen, wenn du eine Frau bist, und ein Junge, wenn du ein Mann bist. Das Kind sitzt wie du auf einer Parkbank, einem Sofa, einem Meditationskissen oder auf dem Rasen. Du kannst das Kind aus einiger Entfernung herankommen lassen wie einen Spaziergänger. Oder du schaust einfach einen Augenblick weg, und auf einmal sitzt es da.

Dieses Kind bist du. Dabei ist nicht entscheidend, dass das Kind so aussieht wie du in deiner Kindheit. Es geht vielmehr darum, dass sich das Kind so fühlt, wie du dich damals gefühlt hast.

3. Wie alt ist dein Kinder-Ich? Meist wählt unser Unterbewusstsein genau das richtige Alter aus. Wenn du jedoch das Gefühl hast, es passt nicht, dann mache das Kind entsprechend jünger oder älter. Das Alter kann auch von einer Inneres-Kind-Meditation zur nächsten variieren.
4. Lasse das Kind – wie du selbst es tust – nach vorn schauen. Ihr seht einander nicht an, sondern sitzt nebeneinander und blickt in dieselbe Richtung. Genieße eine Weile einfach nur das Zusammensein.
   Wenn du möchtest, kannst du hier eine Zeichnung deines inneren Kindes anfertigen oder es beschreiben:

5. Versuche nun, dem Kind liebevoll deinen Arm um die Schultern zu legen. Auch wenn du dabei Trauer oder Wut verspürst, ist das völlig in Ordnung. Es zeigt, dass die Kontaktaufnahme gelungen ist. Wenn das Kind nicht umarmt werden möchte oder dir die Vorstellung unangenehm ist, dann bleibt ihr einfach nebeneinander sitzen – in emotionaler Nähe zueinander.
6. Nun versuchst du zu erspüren, was dein inneres Kind braucht, was ihm fehlt. Häufig sind das Schutz und Anerkennung. Führe das Kind an einen sicheren Ort, an den es jederzeit zurückkehren kann, oder halte es fest im Arm, um ihm zu geben, was es braucht. In dieser Meditation kannst du für dein inneres Kind auf jede erdenkliche Weise sorgen, die ihm guttut.
7. Am Ende lächelst du dem Kind zu, bedankst und verabschiedest dich. Nimm einen tiefen Atemzug und kehre in den Alltag zurück.

★★★ INNERER-RATGEBER-MEDITATION

Dauer: 20 Minuten

Jeder kennt das: Man plagt sich mit einem Problem herum und denkt später, man hätte es ganz leicht lösen können. Doch leider hören wir häufig nicht auf unsere innere Stimme – auch wenn wir im Grunde oft wissen, was zu tun ist. Das soll nicht heißen, es wäre erstrebenswert, jedem Impuls nachzugeben. Aber wenn du gerade vor einer wichtigen Entscheidung stehst oder deine Entscheidungssicherheit trainieren willst, kann dir diese Übung helfen.

1. Nimm eine Meditationshaltung ein und konzentriere dich zunächst auf deine Atmung. Atme ein, atme aus. Ein, aus ...
2. Stelle dir nun vor, an einem Ort zu sein, der dir angenehm und vertraut ist. Vielleicht eine Waldlichtung oder ein kleiner Tempel. Du kannst auch im Geiste an dem Ort bleiben, an dem du dich gerade befindest.
3. Sobald du dich an deinem Ort eingerichtet hast, nähert sich dir aus einiger Entfernung ein Wesen. Es kann ein Mensch sein, ein Tier oder auch eine andere Gestalt. In jedem Fall handelt es sich um einen weisen Ratgeber. Du kannst dir vorstellen, dass es Jesus oder Buddha ist, deine Großmutter oder eine Person aus deiner Vergangenheit, der du voll und ganz vertraust. In meiner Fantasie taucht meist nur ein glitzerndes, funkelndes Flirren auf, erfüllt von einem hellen Schein. Andere berichten von Tieren: Schildkröten, Delfinen, sprechenden Katzen. Das Wesen kommt näher und bleibt schließlich vor dir stehen. Es betrachtet dich mit einem freundlichen Lächeln und in liebevoller Güte.
4. Nun kannst du dieses Wesen um Rat fragen. Solltest du dein Problem gar nicht genau beschreiben können, warte einfach ab. Dein weiser Ratgeber wird zu sprechen beginnen. Seine Stimme ist ruhig und gelassen. Er gibt dir in einfachen Worten genau den Rat, den du benötigst. In manchen Fällen sind die Ratschläge erstaunlich präzise. In anderen sind sie eher allgemein gehalten und nicht gleich zu deuten. Vertraue deinem Unterbewusstsein und nimm die Worte als gut gemeinten Vorschlag an. Sollte der weise Ratgeber nichts sagen, dann ist das auch kein Problem. Genieße einfach seine beruhigende Anwesenheit.

5. Jetzt überreicht dir das Wesen einen Gegenstand als symbolisches Geschenk. Wenn sich dessen Bedeutung nicht gleich erschließt, drehe ihn um – auf der Rückseite oder Unterseite steht geschrieben, wozu er gut ist. Vielleicht fügt dein Ratgeber auch noch eine Erklärung hinzu.
Wenn du möchtest, kannst du den Gegenstand hier aufzeichnen oder den Rat, den du erhalten hast, notieren:

6. Schließlich bedankst du dich bei deinem Besucher und verabschiedest dich. Das Wesen entfernt sich und du bist wieder allein. Das beruhigende Wissen, was zu tun ist, verbleibt jedoch bei dir. Atme tief ein und wieder aus und kehre zurück in den Alltag.

Nice to know!

IMMER MIT DER RUHE!

Setze dich nicht gleich konkret mit dem Ratschlag auseinander, sondern lasse die Schwingungen aus deinem Inneren noch einige Zeit ihre Wirkung entfalten und die aktuelle Situation durchdringen. Du musst dem Rat auch nicht folgen. Lasse ihn einfach auf dich wirken und warte ab, was sich daraus ergibt.

DANKBARKEITS-MEDITATION

Dauer: 10 Minuten

Dankbarkeit zu entwickeln – und zum Ausdruck zu bringen – ist eine traditionelle meditative Übung mit der Absicht, uns dafür zu sensiblisieren, nach dem Guten Ausschau zu halten, nicht nach dem Schlechten. Wenn wir uns regelmäßig auf das »kleine Glück« besinnen, rücken wir den Missmut über schlechtes Wetter oder unfreundliche Kollegen in die rechte Perspektive.

- Nimm eine Meditationshaltung im Sitzen oder Liegen ein. Atme mehrmals tief ein und wieder aus.
- Lasse dann Dankbarkeit für diesen Augenblick entstehen. Genieße es, dass du in Ruhe hier sitzt oder liegst und atmest. Selbst wenn es dir schwerfällt, wenn du eigentlich keine Zeit hast oder unruhig bist: Achte auf die kurzen Momente dazwischen, in denen es dir guttut, zur Ruhe zu kommen.
- Lächle und spüre, wie dieses Lächeln deinen ganzen Körper erfüllt.
- Bedanke dich nun bei deinem Körper dafür, dass er dich durch den Tag trägt.
- Gibt es einen Körperteil, der besonders große oder gute Leistungen erbringt? Danke ihm – deinen Füßen, deinem Herzen, deinen Händen, deinen Augen ... Wenn es andere Körperpartien gibt, die dir Probleme bereiten, versuche, dich jetzt gerade nicht von der Wucht deines Ärgers oder deiner Frustration darüber mitreißen zu lassen. Verdränge den Gedanken beziehungsweise die Wahrnehmung nicht, aber schiebe sie für den Moment in die zweite Reihe.
- Danach dankst du deinem Geist dafür, dass er dich im Alltag unterstützt. Bist du vielleicht besonders einfallsreich, nachdenklich oder scharfsinnig? Sage deinem Geist innerlich Danke dafür.
- Nun dankst du deiner Seele und deinem Herzen, dass sie immer für dich da sind. Nimm dir bewusst vor, weiterhin gut auf dich achtzugeben und gut zu dir zu sein.
- Ist heute etwas geschehen, worauf du stolz bist oder worüber du dich gefreut hast? Sei dankbar dafür.

Spürst du bei dieser Übung vielleicht eine Empfindung, die dir angenehm ist? Wärme, Ruhe, vielleicht ein Strahlen in deinem Innersten? Sei auch dafür dankbar. Wenn du nichts Derartiges spürst, kein Problem. Erzwinge nichts.

- Atme zum Schluss tief ein, dann lasse den Atem langsam ausströmen. Lächle noch einmal. Sei dankbar für dein Lächeln. Dankbar dafür, dass du die Gelegenheit hast, dich in Dankbarkeit zu üben.

EXTRA-CHALLENGE: DANKBARKEIT FÜR ETWAS, DAS UNS NICHT ZUSAGT

Es hilft, wenn du versuchst, einer unangenehmen Sache auch einen positiven Aspekt abzugewinnen. Wenn der Dank für etwas Negatives zu schwierig erscheint, sei dankbar für eine winzige Randerscheinung. Oder dafür, dass du eine bestimmte Situation überstanden hast. Es geht nicht darum, nur das Positive zu sehen oder sich alles schönzureden. Es geht darum, auch Dankbarkeit zuzulassen und sie zu stärken, statt immer nur unseren Frust zu befeuern.

Schreibe zwei angenehme Erfahrungen und eine unangenehme auf und denke an die positiven Aspekte darin, für die du dankbar sein kannst.

1. _

2. _

3. _

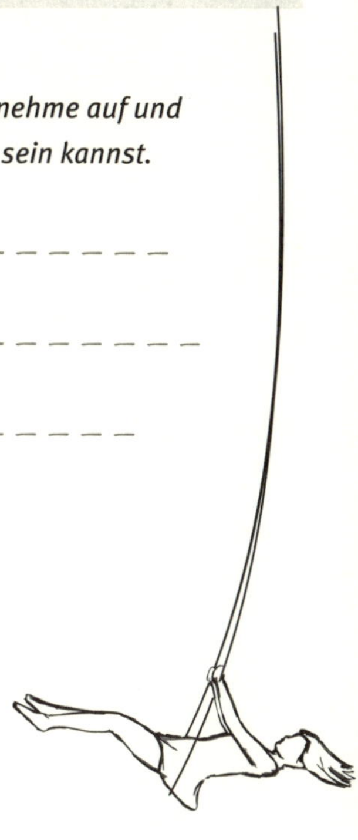

★★★ VERGEBUNGS-MEDITATION

Dauer: 10 Minuten

Ärgerst du dich auch manchmal über längst vergangene Geschehnisse? Das lässt sich ändern. Menschen zu vergeben, die uns verletzt haben, ist wahrlich nicht einfach. Wenn wir es aber schaffen, dann wachsen wir über uns selbst hinaus: Statt uns immer weiter in unseren Groll hineinzufressen und üble Rachegedanken zu schmieden, gehen wir den Weg der Versöhnung. Wir wandeln uns vom Opfer zum selbstverantwortlichen Gestalter des eigenen Lebens.

Nice to know!

VERGEBEN – WOZU?

Vergebung bedeutet nicht, gutzuheißen, was geschehen ist! Und es heißt auch nicht, sich wie Jesus noch eine Ohrfeige auf die andere Wange abzuholen. Das Ziel einer Vergebungsübung besteht nur darin, den selbstquälerischen Anteil, der einer Kränkung innewohnt, loszulassen und sich zu befreien, anstatt zu verbittern. So werden wir zu einer starken, souveränen Persönlichkeit.
Achtung: Bei dieser Übung geht es »nur« um die üblichen Verletzungen, die uns im Leben widerfahren – und die wir auch anderen zufügen. Und darum, sich bewusst zu machen, dass alle Menschen handeln, so gut sie können, und jeder immer nur auf seine Weise nach Liebe und Glück strebt. Aber: Wer ein schweres Trauma erfahren hat, kommt mit dieser Übung allein nicht weiter. In diesem Fall ist unbedingt ergänzende professionelle Hilfe gefragt!

1. Nimm eine Meditationshaltung ein, am besten an einem Ort, wo du ungestört bist, auch vom Telefon.
2. Zuerst vergeben wir uns selbst: die vielen kleinen und großen Situationen, in denen wir hinter unseren Erwartungen und Hoffnungen, unseren Träumen und Plänen zurückgeblieben sind. Betrachte dich sozusagen aus der Vogelperspektive und sage liebevoll: »Ich vergebe mir. Ich vergebe mir. Ich vergebe mir.«

3. Auch anderen gegenüber hat sich wohl fast jeder von uns bereits auf eine Weise verhalten, die jemanden enttäuscht oder verärgert hat. Dafür vergeben wir uns selbst: »Ich vergebe mir. Ich vergebe mir. Ich vergebe mir.«
4. Wende dich schließlich im Geiste einem Menschen zu, der dich verletzt hat – vielleicht hat dich deine Chefin vor den Kollegen abgekanzelt, dein Partner flirtet mit der Nachbarin, dein Vater lässt dich wieder einmal spüren, dass du nicht genügend leistest ...
5. Nimm nun die Perspektive des anderen ein und überlege dir, wie es kommt, dass er oder sie so handelt – die Firma steckt womöglich in Schwierigkeiten und die Chefin ist deshalb nervös, dein Partner genießt die Bestätigung, dein Vater hat selbst nicht erreicht, was er sich gewünscht hat. Was immer der Grund sein könnte, bewerte ihn nicht, sage nicht: »das Miststück« oder »der Versager«. Suche nach einer neutralen Erklärung. Dadurch verliert dein Gegenüber seine Größe und Übermacht und steht (wieder) mit dir auf Augenhöhe. Die anderen versuchen auch nur, glücklich zu sein und alles so gut wie möglich hinzubekommen.

6. Schaue im Geiste deiner Chefin, deinem Vater oder deinem Partner – oder wer auch immer dich verletzt hat – in die Augen und sage: »Ich vergebe dir, ich vergebe dir, ich vergebe dir.«
   Wenn du zu diesem Zeitpunkt nur einen Teil des Geschehenen vergeben kannst, ist das ganz in Ordnung. Bei schlimmen Vertrauensbrüchen mag es dir unmöglich erscheinen, Vergebung zu empfinden. Zwinge dich nicht dazu. Halte dieses Gefühl für den Moment liebevoll in deiner Aufmerksamkeit, ohne dich in weitere Überlegungen oder gar Rachefantasien hineinziehen zu lassen.
7. Lenke nach diesen Worten die Aufmerksamkeit für kurze Zeit auf deine Atmung und beende die Meditation.

Versuche hinterher zu spüren, ob durch die Übung das Gefühl der Kränkung und Verletzung kleiner geworden ist. Überlege dir: Lohnt es sich, die Sache mit dem anderen zu besprechen, oder nicht? Ist es besser, das eigene Verhalten zu ändern? Oder sollte ich auf ein nächstes Mal lieber ganz verzichten? Es gibt Leute, die zucken mit den Achseln, wenn ihr Fahrrad geklaut wird, und sagen: »Das hat eben jemand anders nötiger gebraucht.« Dieser Gelassenheit ein Stück näher zu kommen – darin besteht der langfristige Nutzen dieser Übung.

LIEBEVOLLE GÜTE

Metta-Meditation

Dauer: 15 bis 30 Minuten

Sich selbst und anderen liebende Güte zuteil werden zu lassen ist eine wichtige meditative Tradition im Buddhismus. Der Fachbegriff dafür lautet Metta-Meditation, wobei Metta – ein Wort aus der indischen Gelehrtensprache Pali – in etwa Liebe, Freundschaft, Sympathie bedeutet. Es kommt der christlichen Nächstenliebe sehr nahe.
In der klassischen Version beginnt man damit, sich selbst Gutes zu wünschen. Das fällt manchen Menschen schwer. Solche Wünsche haben aber nichts mit Egoismus zu tun. Nur wer sich selbst wertschätzt, kann auch andere Menschen lieben. Scheue dich also nicht vor diesem Teil der Übung. Im Gegenteil. Denn man kann andere nur so sehr lieben, wie man sich selbst liebt, und ihnen nur so viel Gutes zugestehen, wie man sich auch selbst gönnt.

- Nimm deine Meditationshaltung ein und konzentriere dich zunächst auf den Atem. Dann wiederhole im Geiste oder leise die Sätze, mit denen du dir selbst Gutes wünschst, je fünfmal:
  Möge ich gesund sein und frei von Leiden!
  Möge ich frei sein von Hass, Gier und Verblendung!
  Möge ich erfüllt sein mit Ruhe, Gelassenheit und Frieden!
  Möge ich glücklich sein!

  Manche Menschen schätzen die vorgegebenen Formulierungen sehr. Andere hätten es gern etwas lockerer. Du kannst genauso gut sagen:
  Möge ich gesund sein und frei von Leiden!
  Frei von Hass, Gier und Verblendung!
  Erfüllt mit Ruhe, Gelassenheit und Frieden!
  Möge ich glücklich sein!

Wenn du möchtest, kannst du diesen Schritt wiederholen, solange du willst. Es besteht keine Notwendigkeit, die »liebende Güte« auf andere auszudehnen. Oder, anders formuliert, wenn du dir selbst lange genug liebende Güte wünschst, wird sie sich ohnehin auf andere ausdehnen.

- Oder du kannst dies bereits im Rahmen der Übung selbst anstoßen. Denke dafür an ein Wesen, das du sehr magst. Das kann ein bestimmter Mensch sein, der dir wohlgesinnt ist oder war. Aber auch ein Haustier. Hilfreich ist, wenn schon bei der Vorstellung ein Gefühl von Wohlwollen, Güte und Liebe in dir aufsteigt. Sprich dann im Geiste je fünfmal ganz in Ruhe:
  Mögest du gesund sein und frei von Leiden!
  Mögest du frei sein von Hass, Gier und Verblendung!
  Mögest du erfüllt sein mit Ruhe, Gelassenheit und Frieden!
  Mögest du glücklich sein!

Wenn es anfangs nicht so recht klappt, dann stell dir eine regenbogenartige Energiebahn von dir selbst zu deinem Gegenüber vor, auf der die Sätze übermittelt werden. Oder du ziehst in deiner Vorstellung einen kleinen Helfer hinzu, der deine Sätze der liebevollen Güte überbringt, zum Beispiel eine Taube.

- Du kannst die Übung nun Schritt für Schritt erweitern – oder auch an dieser Stelle schon beenden. Gehe dann direkt zum Abschluss der Übung. Sonst schicke nach und nach Liebe und Wohlwollen an weitere Personen:
  - an eine Person, zu der du ein neutrales Verhältnis hast,
  - an einen für dich schwierigen Menschen,
  - an alle Menschen in deinem Umfeld,
  - an alle Menschen in deinem Land
  - und schließlich an alle Menschen und Lebewesen auf der ganzen Welt.

Hole abschließend tief Luft. Halte den Atem einen Moment an, und lasse ihn wieder ausströmen. Beende die Meditation und nimm das angenehme Gefühl, anderen Menschen mühelos Gutes tun zu können, mit in den Tag.

Nice to know!

WUNDERBAR!

Wenn du die Meditation regelmäßig praktizierst, wird sich deine Lebenseinstellung positiv verändern und du wirst glücklicher. Wissenschaftliche Studien belegen, dass Metta-Meditationen selbst bei Anfängern schon nach kurzer Zeit dazu beitragen, sich besser und psychisch stabiler zu fühlen.

CHANTING-MEDITATION

Dauer: 10 Minuten

Ein Mantra kann eine Silbe sein (etwa das bekannte »Om«), ein längeres Wort oder auch ein ganzer Vers. Wenn man ein Mantra singend viele Male wiederholt, zum Beispiel in verschiedenen Tonlagen, nennt man das Chanting. Das wird zu einer Meditation, wenn man sich im Klang verliert und in einen richtigen Flow gerät.
Chanting-Meditationen lassen sich sehr gut in den Alltag integrieren. Du kannst unter der Dusche chanten, beim Autofahren, beim Spazierengehen oder bei der Gartenarbeit. Je mehr du dich auf den Chant einlässt, desto größer ist der Effekt. Man sollte also nicht nur nebenbei vor sich hin summen, um sich die Zeit zu vertreiben. Aber wenn du morgens zur Bushaltestelle gehst und sowieso kein anderer da ist ... warum nicht den Moment nutzen, um dem Tag einen positiven Schub zu geben?

1. Suche dir ein Mantra aus der Liste unten aus, sei es, weil dir die Bedeutung zusagt, oder aber wegen des Klangs der Silben.
2. Erfinde nun eine kleine Melodie für dein Mantra. Sie sollte möglichst einfach sein, damit du dich ohne Ablenkung auf das eigentliche Chanting konzentrieren kannst.
3. Wiederhole deinen Chant immer wieder. So dringen die Glück bringenden Worte tief in dein Unterbewusstsein. Die Melodie dient dabei nur als Transportmittel und erleichtert es dir zugleich, bei der Sache zu bleiben.
   Die bekanntesten klassischen Mantren:
   - Om (oder Aum, siehe Seite 44) – singe dieses Mantra lang gezogen in einem angenehmen, beruhigenden Ton vor dich hin, mal höher, mal tiefer, sodass eine Melodie entsteht.
   - Om Mani Padme Hum – ein Mantra aus Tibet, das in etwa bedeutet: »Ehre das Juwel des Lotos«, wobei mit »Juwel« Buddha gemeint ist.
   - Ham Sa – bedeutet »Ich bin das« oder »Ich bin so« oder einfach »Ich bin« auf Hindi. Es wird häufig als Atem-Meditation verwendet: Einatmen und » Ham « denken, Ausatmen und » Sa « denken. Es geht aber auch mit einer selbst ausgedachten Melodie.

- **Lokah samasta sukhino bhavantu** – wörtlich übersetzt: »Mögen alle Lebewesen überall glücklich und frei sein«. Das Mantra ist vielfach vertont worden. Der US-amerikanische Sänger Jason Mraz hat eine sehr hübsche Version geschrieben, die du kostenlos auf YouTube findest.
- **Om Namah Shivaya** – heißt im übertragenen Sinn »Ich ehre das innere Selbst« und ist inhaltlich vergleichbar mit »Dein Wille geschehe« aus dem Vaterunser. Wobei inneres Selbst und Vater jeweils ein göttliches Prinzip meinen.

Nice to know!

BODY, MIND AND SOUL

Singen erhöht den Sauerstoffanteil im Blut und stabilisiert das Hormonsystem, sodass weniger Stresshormone ausgeschüttet werden. Darüber hinaus beinhalten bereits die Worte eines Mantras dessen positive Kraft, selbst wenn man die unbekannte Sprache nicht versteht. Die Aufmerksamkeit wird von den unzähligen Gedanken des Geistes weg- und zum Klang des Mantras hingelenkt. Durch Chanting-Meditationen kannst du dir also körperlich, geistig und seelisch Gutes tun.

YOGA ALS MEDITATION

Dauer: 20 Minuten oder länger

Aktuell sind Flow-, Power- und Vinyasa-Yogakurse im Trend. Hier versteht man Yoga in erster Linie als eine schweißtreibende Sportart. Das kann großen Spaß machen. Als Tor zur Meditation hingegen werden Yoga-Übungen sehr langsam und aufmerksam ausgeführt und lange gehalten. Viele Menschen werden dabei unruhig beziehungsweise sie fühlen sich zunächst nicht wohl damit, denn sie sind es gewohnt, dass ständig äußere Reize auf sie einwirken. Falls es dir bei den folgenden Yoga-Übungen auch so geht, versuche, deinen Körper noch genauer wahrzunehmen. Man beschäftigt die unstete Aufmerksamkeit damit, den eigenen Körper beim Yoga zu beobachten. Wo zwickt es, wo drückt es? Wo will ein Muskel nicht so recht? Wo berührt der Körper den Boden? Wo zeigt sich mit jedem Atemzug eine Verspannung? Auf diese Weise kann der Geist mit der Zeit zur Ruhe kommen.
Jede der folgenden Übungen dauert mindestens zwei Minuten, das sind jeweils etwa 20 Atemzüge. Je länger du brauchst beziehungsweise je langsamer du die Übungen durchführst, desto genauer kannst du fühlen.

Nice to know!

KOPFKINO MIT WIRKUNG

Wer einzelne oder alle Übungen aus gesundheitlichen Gründen nicht durchführen kann, stellt sie sich möglichst genau vor – das hat neurologisch denselben Effekt auf das Gehirn.

1. Lege dich rücklings auf eine Matte oder eine ausgebreitete Decke. Die Füße fallen locker nach außen. Die Arme liegen neben dem Körper, die Handflächen zeigen nach oben. Schließe die Augen, wenn es dir angenehm ist, und lasse deinen Atem etwa zwei Minuten lang ruhig fließen. Spüre, wie dein Körper mit jedem Ausatmen tiefer in die Matte sinkt.
2. Strecke die Arme über den Kopf und schiebe die Fersen nach vorne.

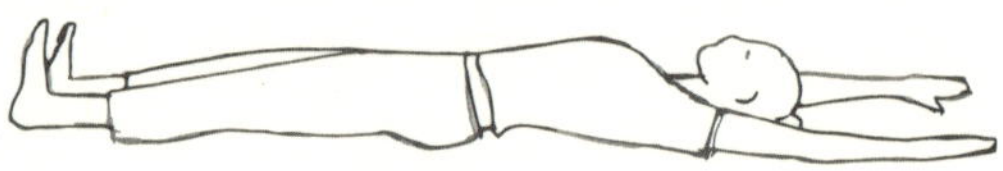

3. Spreize die Arme seitlich im rechten Winkel ab. Sie liegen auf dem Boden, Handflächen nach unten. Stelle die Füße auf. Presse den unteren Rücken auf den Boden. Wenn du einatmest, hebst du nun den unteren Rücken vom Boden. Dabei bleibt das Becken am Boden. Du streckst sozusagen den Bauch himmelwärts. Ausatmend lässt du den Rücken wieder zum Boden sinken. Zehn langsame Wiederholungen.

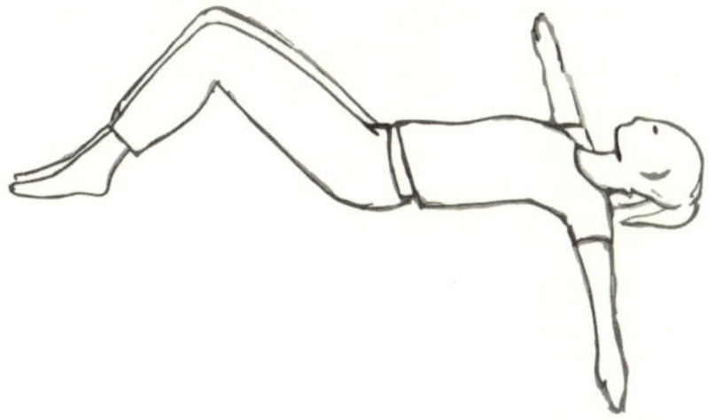

4. Ziehe die Knie zur Brust, schlinge deine Arme um die Knie, ziehe sie dichter zu dir heran. Hebe den Kopf in Richtung Knie, wenn dies deinen Nacken und die Schultern nicht zu sehr belastet. Atme ruhig weiter – und achte darauf, wie jeder Atemzug ein wenig deinen unteren Rücken massiert.

5. Strecke dein linkes Bein lang aus, halte das rechte Bein gebeugt zur Brust gezogen. Zehn langsame Atemzüge. Seitenwechsel.

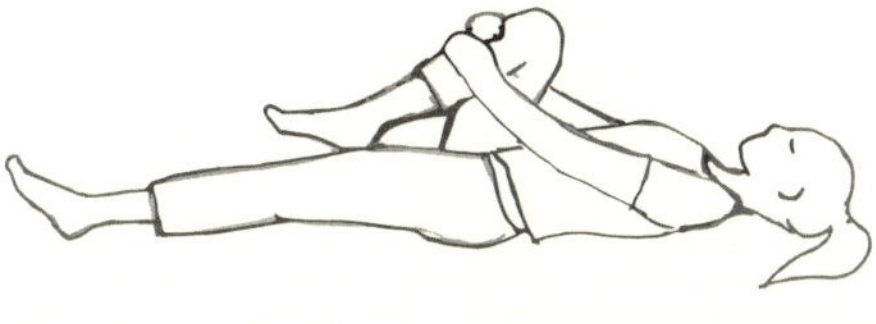

6. Drehe dich langsam um, gehe auf Hände und Knie. Mit der Ausatmung formst du einen Katzenbuckel. Mit dem Einatmen bewegst du den Rücken in die entgegengesetzte Richtung und legst den Kopf in den Nacken. Langsam und vorsichtig, im Rhythmus des Atems, mindestens zehnmal wiederholen.

→ → → → →

7. Aus derselben Vierfüßlerposition heraus streckst du das rechte Bein nach hinten und den linken Arm nach vorn. Fünf Atemzüge lang halten. Dann machst du den Seitenwechsel.

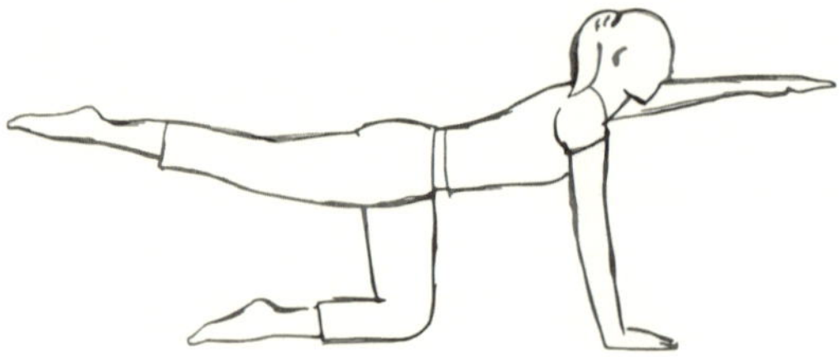

8. Lege dich wieder auf den Rücken, die Beine sind aufgestellt. Strecke die Arme über den Kopf, Handflächen nach oben. Nun hebst du langsam und vorsichtig das Becken, bis dein Oberkörper bis zu den Knien eine gerade Linie bildet. Fünf Atemzüge halten, gern auch zehn. Langsam, Wirbel für Wirbel, absenken. Achte dabei – wie bei allen Übungen – genau darauf, wie sich deine Bewegungen und dein Körper anfühlen.
9. Verschränke die Hände hinter dem Kopf. Die Füße sind weiterhin aufgestellt. Lasse beide Beine langsam nach rechts sinken, wobei der Schultergürtel möglichst den Bodenkontakt hält. Der Blick ist zur Decke gerichtet. Fünf bis zehn Atemzüge halten. Achte darauf, wie sich die Drehung im Rücken anfühlt! Langsam die Beine aufstellen, dann zur linken Seite sinken lassen. Wieder fünf bis zehn Atemzüge halten. Meist fühlen sich die Seiten sehr unterschiedlich an, das ist normal!

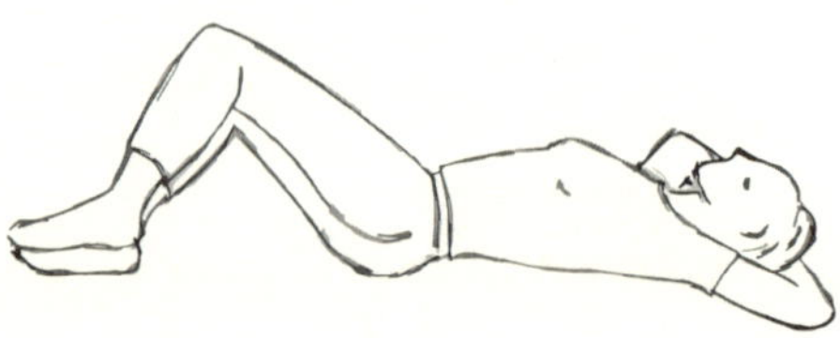

10. Lasse die Füße aufgestellt. Die Arme liegen locker neben dem Körper. Strecke dein rechtes Bein zur Decke, der Fuß bleibt dabei locker. Fasse mit beiden Händen die Wade und ziehe den Oberkörper langsam zum Bein hin. Mache es anschließend genauso mit der anderen Seite.

11. Drehe dich im Liegen auf die linke Seite. Stütze den linken Ellenbogen auf und lege den Kopf in die linke Hand. Stütze dich mit der rechten Hand vor dem Körper ab. Hebe das gestreckte rechte Bein. Fünf bis zehn Atemzüge halten. Seitenwechsel.

12. Drehe dich auf den Bauch, die Arme seitlich am Körper, die Handflächen zeigen nach oben. Hebe den Kopf leicht und schaue nach vorn. Hebe dann das gestreckte linke Bein. Fünf bis zehn Atemzüge halten. Seitenwechsel.

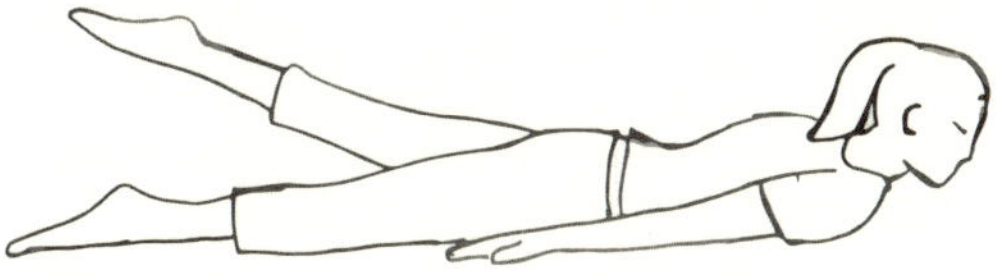

13. Die Beine liegen wieder auf dem Boden, die Fußspitzen sind zur Wand gerichtet. Hebe den Oberkörper. Spüre, wie deine inneren Organe mit jedem Atemzug sanft massiert werden. Fünf bis zehn Atemzüge.

14. Drehe dich auf den Rücken und liege ausgestreckt, wie zu Beginn der Übungsreihe. Schließe die Augen und entspanne dich, so gut es dir möglich ist. Achte weiterhin darauf, wie dein Körper sich anfühlt. Lasse den Atem fließen.

15. Bewege langsam Finger und Zehen, dann Hände und Füße, schließlich Arme und Beine. Rolle dich auf die Seite und setze dich vorsichtig auf. Öffne die Augen. Dankeschön!

★★★ GEH-MEDITATION

Step by step

Dauer: 5 Minuten

Eine aktive Achtsamkeitsmeditation, die leicht zu lernen und fast überall problemlos durchzuführen ist. Anders als bei anderen Achtsamkeitsübungen konzentrieren wir uns diesmal nicht auf Dinge wie den Atem, Geräusche oder Gedanken. Wir richten unsere Aufmerksamkeit vielmehr auf etwas, das wir gerade tun, nämlich gehen. Wir machen also zwei Dinge gleichzeitig!
Mit einiger Übung kannst du die Geh-Meditation auf deinem Arbeitsweg oder im Wartehäuschen an der Bushaltestelle durchführen und alles um dich herum für kurze Zeit ausblenden. Für den Anfang suchst du dir aber besser einen Ort, an dem du ungestört und unbeobachtet bist.

- Ziehe deine Schuhe aus und, wenn es warm genug ist, auch deine Strümpfe.

- Stelle dich aufrecht hin, die Füße etwa hüftbreit auseinander. Spüre, wie deine Fußsohlen auf dem Boden aufliegen. Fühlst du den Untergrund? Ist er weich oder hart, glatt oder rau, kühl oder warm?

- Bewege den Oberkörper ein wenig vor und zurück, nach links und nach rechts, bis du in der Mitte ein stabiles Gleichgewicht gefunden hast.

- Lockere deine Knie leicht und richte deinen Oberkörper auf, als wäre oben am Kopf ein unsichtbarer Faden befestigt, der dich in die Länge zieht. Senke dein Kinn um eine Winzigkeit. Dein Blick ist geradeaus gerichtet.

- Nun hebe langsam und aufmerksam einen Fuß. Achte im Folgenden genau auf all das, was du sonst automatisch tust! Es geht darum, bewusst und konzentriert eine ganz alltägliche Bewegung neu wahrzunehmen. Der Mönch und Meditationslehrer Thich Nhat Hanh sagt: »Gehe, als wolltest du die Erde mit deinen Füßen küssen.« Du vollführst deine Schritte so normal wie möglich, allerdings so langsam, dass du die einzelnen Phasen der Bewegung genau spürst: erst das Anheben des Fußes, einhergehend mit einem Anspannen des Oberschenkels, dem Beugen der Hüfte und einem leichten Kippen des Oberkörpers, um die Balance zu halten. Dann folgt die Vorwärtsbewegung des Beins, wieder synchron mit einer begleitenden Ausgleichsbewegung des Oberkörpers. Du setzt den Fuß auf den Boden, vielleicht 30 Zentimeter weiter vorn. Womit tritt er zuerst auf – der Ferse, dem Ballen, der gesamten Sohle? Es gibt kein Richtig und kein Falsch, nur deine ganz persönliche Wahrnehmung.

- Du verlagerst dein Gewicht nach vorn, kippst die Hüfte erneut, hebst nun den hinteren Fuß an und konzentrierst dich darauf, wie dieser den Boden verlässt, eine bogenförmige Bewegung durch die Luft vollführt und dann vor dem anderen Fuß aufsetzt. Währenddessen verschiebt sich das Gewicht auf dem stehenden Fuß fließend von hinten nach vorn.

- Es genügt fürs Erste, wenn du fünf bis sechs eher kurze Schritte geradeaus und wieder zurück tun kannst. Wenn mehr Platz ist, kannst du bei der Meditation auch ein Quadrat abschreiten.

- Beende die Übung, indem du deine Beine kurz ausschüttelst.

Nice to know!

FÜR FORTSCHREITENDE

Sitzend, zum Beispiel in der U-Bahn oder am Tisch, kannst du »im Geiste gehen«. Vollziehe dazu die Bewegung mental ganz genau nach. Hoch konzentriert fühlst du die Bewegung, ohne sie tatsächlich durchzuführen. Das funktioniert am besten, wenn du das achtsame Gehen vorher ein paar Mal real geübt hast.

METTA-GEHMEDITATION

Dauer: 5 Minuten

Die Metta-Meditation wurde schon vorgestellt (Seite 54). Dabei wünscht man erst sich, dann anderen liebevolle Güte. Diese Meditation lässt sich mit dem achtsamen Gehen kombinieren, das auf den vorangehenden Seiten gezeigt wurde. Es empfiehlt sich, für den Anfang die guten Wünsche erst einmal auf sich selbst zu richten. Solltest du unterwegs jemandem begegnen oder zum Beispiel ein Tier hören, so kannst du deine Wünsche auch eine Runde lang auf dieses Wesen richten. Danach kehrst du wieder zu dir zurück.

Suche dir einen (Spazier-)Weg, auf dem du in Ruhe gehen kannst, zum Beispiel im Wald oder am Strand.

- ***Verlangsame deine Geh-Geschwindigkeit, bis du jeden Schritt aufmerksam wahrnehmen kannst.***
- ***Gehe einige Zeit möglichst bewusst, Schritt für Schritt.***
- ***Sage nun leise oder stumm die Formeln der Metta-Meditation auf:***

  Möge ich gesund sein und frei von Leiden!
  Möge ich frei sein von Hass, Gier und Verblendung!
  Möge ich erfüllt sein mit Ruhe, Gelassenheit und Frieden!
  Möge ich glücklich sein!

  Du kannst auch die Kurzform wählen:
  Möge ich gesund sein und frei von Leiden!
  Frei von Hass, Gier und Verblendung!
  Erfüllt mit Ruhe, Gelassenheit und Frieden!
  Möge ich glücklich sein!

- ***Du gehst weiter und achtest dabei zugleich auf deinen Körper, deinen Gang sowie auf die äußeren Eindrücke. Außerdem wiederholst du ruhig, geduldig und liebevoll die oben aufgeführten Sätze.***
- ***Nach einiger Zeit lässt du die Meditation ausklingen. Zuerst beendest du das Aufsagen der Formeln. Du bedankst dich im Geiste bei dir dafür, dir diese Energie gewidmet zu haben. Still achtest du auf dein Gehen.***

- ***Schließlich nimmst du einen tiefen Atemzug, lässt den Atem langsam ausströmen und gehst einfach so wie immer weiter.***

Setze deinen Spaziergang fort. Ohne es zu erzwingen, achte darauf, ob du deine Umgebung anders siehst als zuvor. Vielleicht bist du dankbar für Kleinigkeiten. Vielleicht atmest du tiefer und ruhiger. Vielleicht verspürst du Dankbarkeit oder Wohlwollen. Vielleicht grüßt du alle, die dir begegnen, ungewöhnlich freundlich. Vielleicht freust du dich an deiner Umwelt.

Vielleicht ist auch alles wie immer. Auch das ist völlig in Ordnung. Mach dir weiter keine Gedanken darüber. Das Ziel der Meditation ist nicht, etwas zu verändern. Sondern nur, genau dort anzukommen, wo wir ohnehin schon sind.

So habe ich mich nach dem Spaziergang gefühlt:

SCHUTZSCHIRM GEGEN SCHWIERIGKEITEN

Dauer: 10 Minuten

Probleme gehören zum Leben. Wie wir damit umgehen, das ist entscheidend. Mithilfe der im Folgenden beschriebenen Methode kannst du ein wenig Abstand gewinnen, wenn das Gedankenkarussell nicht mehr aufhört, sich zu drehen. Im Englischen wird diese Methode »R.A.I.N.-Meditation« genannt, nach den Anfangsbuchstaben der einzelnen Schritte:

R: »Recognize« – erkenne, was geschieht.
A: »Allow« – lasse das Leben so sein, wie es gerade ist.
I: »Investigate« – untersuche und betrachte deine innere Erfahrung liebevoll.
N: »Non-Identification« – identifiziere dich nicht mit dem, was geschieht.

Der Alltag läuft nie so rund, wie wir es gern hätten. Vielleicht hast du Probleme mit einem Kollegen. Oder du ärgerst dich über dich selbst. Beim ersten Mal solltest du die Übung mit einem Problem testen, das dich nervt, aber nicht aufwühlt. Auf die Dauer ist sie für jede Art von Schwierigkeiten geeignet.

Nice to know!

DIE VORZÜGE VON R.A.I.N.

Diese Meditation bringt einen nicht unbedingt konkret auf neue Ideen im Umgang mit schwierigen Situationen. Aber sie macht es dir leichter, Probleme zu ertragen und dadurch mehr Kraft für kreative Lösungen zu haben. Erst die »Erlaubnis«, (emotionale) Schwierigkeiten in der Meditation zuzulassen, ohne auf sie reagieren zu müssen, ermöglicht es uns, sie genauer zu betrachten.

1. Nimm deine bevorzugte Meditationshaltung ein, der Rücken ist gerade. Hole tief Atem. Lasse den Atem langsam ausströmen. Noch einmal: ein, aus ... Schließe die Augen, wenn es dir angenehm ist.
2. Nun wende die Aufmerksamkeit dem Problem zu. Betrachte es geduldig und liebevoll von allen Seiten mit all seinen Aspekten. Dir wird auffallen, dass du zu einigen Aspekten leicht Zugang findest, andere verschließen sich dir. Achte darauf, welche körperlichen Empfindungen sich bei dir

jeweils einstellen. Das kann eine Verspannung sein, Schmerz, Atemnot oder auch ein Gefühl von Enge. Lasse alle Vorstellungen davonziehen, wie du fühlen und empfinden solltest, und nimm einfach das wahr, was ist.

3. Selbst wenn du glaubst, du solltest dich schämen, du wärst im Unrecht, du hättest etwas falsch gemacht, mit dir wäre irgendetwas nicht in Ordnung – beobachte diese Ansichten, nimm sie zur Kenntnis. Lasse alles zu, so wie es ist. Du musst dazu im Moment keine Position beziehen. Du musst keine Pläne schmieden, nicht handeln. Du fühlst einfach, was du fühlst.
Wenn du möchtest, kannst du zu jeder Wahrnehmung im Geiste »Ja« sagen oder »Aha«. Je geduldiger du annimmst, was in dir vorgeht, desto besser.

4. Oft geht es uns bereits nach den vorigen beiden Schritten besser. Nun können wir das innere Geschehen genauer betrachten. Was macht dir die meisten Sorgen? Welche Überzeugungen liegen deinen Sorgen zugrunde? Wovor hast du die größte Angst? Was verlangt deine Aufmerksamkeit? Wie fühlt sich dein Körper an? Was erhofft sich deine Sorge von dir?
Bei vielen Menschen taucht an dieser Stelle erst ein Gefühl der Leere, dann ein Gefühl der Scham oder Unfähigkeit auf. Bis wir solche Emotionen zur Kenntnis nehmen, bestimmen sie unterbewusst unsere Sichtweise und unser Handeln. Oft empfinden wir es als unangenehm, die in uns aufsteigenden Gefühle genauer zu betrachten und zu überlegen: Was wollen sie von mir? Wo kommen sie her? Wie sollte ich mit ihnen umgehen? Es ist wichtig, sie liebevoll und interessiert zu untersuchen. Als würde man ein weinendes Kind fragen: »Was ist denn passiert?«

5. Schließlich erreichen wir einen Punkt, an dem wir unser Gefühl der Angst, Wut oder Anspannung zumindest für den Augenblick loslassen können. Wir haben es wahrgenommen und uns mit ihm beschäftigt – und nach dem Ende der Meditation werden wir vielleicht wieder in Situationen geraten, in denen wir uns mit diesen Emotionen konfrontiert sehen. Aber jetzt gerade können wir ein klein wenig Abstand zwischen uns und die Sorgen bringen. Sie sind noch da, aber sie bestimmen uns nicht ganz und gar. Wir identifizieren uns nicht mehr mit dem Gefühl, sondern haben es als einen Teil unserer gegenwärtigen Wahrnehmung zur Kenntnis genommen.
So sitzt du noch einige Minuten ganz ruhig da. Lasse aufkommende Gedanken und Gefühle einfach weiterziehen.

6. Schließlich holst du tief Luft, lässt den Atem langsam ausströmen und öffnest die Augen.

★★★

GIB DEN DÄMONEN NAHRUNG

Trau dich!

Dauer: 20 bis 30 Minuten

Im tibetischen Buddhismus wird seit über 900 Jahren die sogenannte »Chöd-Praxis« angewandt, um Probleme und Angstzustände zu lindern. Man muss dafür kein Buddhist sein und auch nicht an Dämonen glauben. Die Visualisierung ermöglicht es, auch unscharfe oder tief sitzende Ängste und Sorgen zu verringern. Denn wir geben dem Dämon – unserer Angst, unserem inneren Widersacher – das, was er am meisten braucht.

Suche dir einen Ort, an dem du die nächsten 20 bis 30 Minuten ungestört sein wirst. Du benötigst zwei Stühle oder Sitzkissen, um während der Übung den Platz wechseln zu können.

- Setze dich mit aufrechtem Rücken auf ein Kissen oder einen Stuhl. Der zweite Stuhl beziehungsweise das zweite Kissen befindet sich dir gegenüber.

- Nimm einige tiefe Atemzüge und komme gänzlich in diesem Moment an, in dem du dir Zeit für dich nehmen kannst. Lasse Gedanken an weitere Erledigungen des Tages oder an zurückliegende Ereignisse davonziehen.

- Finde deinen Dämon. Es ist jetzt nicht nötig, deine Sorgen oder Ängste präzise zu benennen. Stelle dir nur vor, dass sie durch ein Wesen – den Dämon – dargestellt werden, das in deinem Körper sein Zuhause hat. Wo befindet es sich? Zum Beispiel zwischen den schmerzenden Schulterblättern oder in deinem übersäuerten Magen? Wie sieht es aus? Wie fühlt es sich an?

- Stelle dir den Dämon als lebendiges Wesen auf dem Kissen oder dem Stuhl dir gegenüber vor. Wie sieht er aus? Groß oder klein? Hat er Fell oder Haut, oder ist er mit Schuppen bedeckt? Sieh ihn dir genau an. Keine Angst, so bedrohlich er auch wirken mag, er kann dir nichts tun!

Nun stellst du dem Wesen drei Fragen:
Was willst du von mir?
Was brauchst du von mir?
Wie fühlst du dich, wenn du bekommst, was du brauchst?

- Wechsle nun das Kissen beziehungsweise den Stuhl. Du nimmst jetzt die Persönlichkeit des Dämons an und beantwortest die drei Fragen:

  Was ich von dir will, ist ___________________

  Was ich von dir brauche, ist _________________

  Wenn ich bekomme, was ich brauche, fühle ich ________

  ____

- Daraufhin tauschst du erneut die Plätze und kehrst auf deinen eigenen Stuhl beziehungsweise dein Kissen zurück. Warte einen Augenblick, bis du wieder ganz in deiner eigenen Persönlichkeit angekommen bist. Löse nun dein Ich von deinem Körper und stelle dir vor, wie dein Körper sich in einen süßen, nahrhaften Nektar verwandelt, der genau jene Eigenschaften hat, nach denen der Dämon verlangt. Du siehst zu, wie er sich diesen Nektar einverleibt, bis er ganz und gar gesättigt ist.

Nice to know!

KEINE ANGST VORM FÜTTERN!

Manchen Übenden behagt die Vorstellung nicht, sich aufzulösen und dann auch noch dem – negativ besetzten – Dämon als Nahrung zu dienen. Aber es hilft. Es ist eine Art liebevolle Opfergabe, wobei unser »Ich« zuvor vom Körper losgelöst wurde und daher erhalten bleibt.

- Mit der Zeit verwandelt sich der Dämon. Spätestens wenn er ganz gesättigt und zufrieden ist, sitzt uns ein irgendwie verändertes Wesen gegenüber. Die Veränderung kann sehr subtil sein – oder allumfassend. Frage dieses Wesen, ob es dein Verbündeter ist. Wenn es dies bestätigt, stellst du diese Fragen:
  Wie wirst du mir helfen?
  Wie wirst du mich beschützen?
  Welches Versprechen kannst du mir geben?
  Wie kann ich Kontakt zu dir aufnehmen?

- Erneut wechselst du den Platz und beantwortest nun als dein Verbündeter die eben gestellten Fragen:

  Ich werde dir helfen, indem ich _______________

  Ich werde dich beschützen, indem ich ____________

  Ich verspreche dir, dass ________________

  Du kannst mich herbeirufen, indem du ____________

- Zum letzten Mal wechselst du an deinen ursprünglichen Platz. Dann löst du in aller Ruhe das bisherige Geschehen auf und sitzt noch einige Atemzüge lang in ruhigem Gewahrsein da, bis du deutlich spürst, dass deine Meditation für heute zu Ende ist.

Psychologisch erzeugt diese Visualisierung einerseits im wörtlichen Sinn einen Frei-Raum zwischen dem Dämon, der dich quält, und dir selbst. So kannst du die Eigenarten deines persönlichen psychologischen Musters erfragen und erforschen. Zudem erarbeitest du dir einen Verbündeten, den du in Stress- oder Gefahrensituationen jederzeit herbeirufen kannst und der manchmal sogar ungefragt auftaucht und eingreift und Problemlagen zum Besseren wendet.

- *So sieht mein Dämon aus:*

- *Das will er von mir:* _ _ _ _ _ _ _ _ _ _ _ _ _ _ _ _ _ _ _

- *Das braucht er von mir:* _ _ _ _ _ _ _ _ _ _ _ _ _ _ _ _ _

- *So fühlt er sich, wenn er bekommt, was er braucht:* _ _ _ _ _ _ _

_ _

- *So sieht mein Verbündeter aus:*

- *So will er mir helfen:* _ _ _ _ _ _ _ _ _ _ _ _ _ _ _ _ _ _

- *So will er mich beschützen:* _ _ _ _ _ _ _ _ _ _ _ _ _ _ _ _

- *Das hat er mir versprochen:* _ _ _ _ _ _ _ _ _ _ _ _ _ _ _ _

- *So will er Kontakt zu mir aufnehmen:* _ _ _ _ _ _ _ _ _ _ _ _

_ _

ACHTSAMKEIT IM ALLTAG

Dauer: Das ganze Leben

Dir ist sicher auch schon mal dein Handy runtergefallen, vielleicht weil du es beim Telefonieren zwischen Ohr und Schulter geklemmt hast, um gleichzeitig die Pizza in den Ofen zu schieben oder das Badewasser einzulassen. Oder du hast versucht, den Marmeladendeckel auf das Honigglas zu schrauben, und dich ehrlich gewundert, dass es nicht funktioniert. So oft sind wir nicht – oder jedenfalls nicht ganz – bei der Sache.
»Wenn du Wasser holst, hole Wasser«, lautet eine fernöstliche Weisheit. Eigentlich ganz einfach. Tue das, was du gerade tust, mit voller Konzentration und ganzem Herzen. Und danach tust du etwas anderes mit voller Konzentration und ganzem Herzen.

Kein Multitasking. Volle Präsenz jetzt und hier.

Du wirst natürlich trotzdem mal etwas vergessen, auch wenn du schon seit einer Weile meditierst. Aber das Chaos im Kopf, weil wir für gewöhnlich immer drei Sachen gleichzeitig machen, nimmt ab.
So gesehen ist unsere Meditationspraxis wirklich nur die Übung für das echte Leben. Dieses achtsam, aufmerksam und liebevoll wahrzunehmen und zu gestalten ist jederzeit möglich. Ein tiefer Atemzug, bewusst empfunden. Schon bist du in der Gegenwart angekommen.
Alles, was du tust, kannst du mit der Achtsamkeit eines Meditierenden tun. Besonders gut sind Tätigkeiten, die normalerweise nicht unsere volle Hirnkapazität beanspruchen. Beim Abwaschen, beim Staubsaugen, beim Autofahren – mal nicht an tausend andere Sachen denken oder geistig die To-do-Liste umsortieren. Sondern genau mitbekommen, was du gerade tust.
Das ist Meditation. Dafür üben wir.
Auf einmal bekommt das Leben viel leuchtendere Farben und weit mehr Details als zuvor.
Dabei geht es überhaupt nicht darum, »besser« zu leben als bisher.
All die positiven Effekte, die der Meditation zugeschrieben werden – von größerer innerer Ruhe bis zu einer stabileren Gesundheit – sind nur Nebenwirkungen. Sie sind nicht das Ziel unserer Bemühungen. Sie ergeben sich am Rande.
Das Ziel der Meditation ist die Weisheit der Erleuchtung. Und Erleuchtung findet

immer nur von Augenblick zu Augenblick statt. Wenn jetzt und hier alles so sein darf, wie es ist – und wir das bemerken. Wenn auch wir selbst so sein dürfen, wie wir gerade sind.

Nichts muss perfekt sein, nichts muss »richtig« sein.

Umgekehrt heißt das auch nicht, alles hinnehmen zu müssen. Du kannst heute aufmerksam und achtsam staubsaugen – und dabei vielleicht feststellen, wie wenig du diese Tätigkeit leiden kannst. Und am Abend vorschlagen, die Haushaltsaufgaben neu zu verteilen. Nicht aus Bitterkeit heraus, sondern aus Achtsamkeit für dich, für das Leben, für alle und alles.
Manchmal überkommt einen dann eine merkwürdige Ruhe, alles ändern zu können, aber nichts ändern zu müssen. Und einen Augenblick später ist sie schon wieder weg. Auch nicht schlimm.
Du kannst den Fokus deiner Aufmerksamkeit spielerisch verschieben und beliebig vergrößern oder verkleinern. Du kannst damit experimentieren, die meditative Achtsamkeit immer wieder in deinen Alltag einzubinden. Einen kleinen Abstand zu schaffen zwischen dem, was geschieht, und deiner Reaktion darauf. Mal sehen, was passiert.

Nice to know!

HINDERNISSE BEIM MEDITIEREN

Zu den Hindernissen, denen du im Rahmen von Meditationen begegnen kannst, gehören beispielsweise:

- Gier, zum Beispiel nach Essen, Sex, Geld und Lust
- Abneigung beziehungsweise Ablehnung
- Faulheit, Schlappheit
- Unruhe, Angstgefühle, Sorgen, Zweifel

Im Normalfall solltest du diese Emotionen zur Kenntnis nehmen, dich nicht wirklich dagegenstemmen, sondern sie nur mit einer gewissen freundlichen Neugier betrachten und dann wenn möglich ziehen lassen. Sollte das nicht gelingen, nimmst du eben zur Kenntnis, dass das Gefühl nicht davonzieht, sondern bei dir bleibt und sich furchtbar wichtig anfühlt.
Es kann auch helfen, wenn du dich auf den Atem konzentrierst. Oder du vergegenwärtigst dir, dass du vielleicht gerade Schmerz oder Gier empfindest und dass das Unangenehme daran oft unsere Abneigung dagegen ist.
Bei Angstgefühlen wird empfohlen, sich auf einen positiven Aspekt dessen zu konzentrieren, wovor du Angst hast – bei Angst vor öffentlichen Auftritten etwa auf das Wissen, das du dem Publikum vermitteln wirst.
Wenn du merkst, dass deine Aufmerksamkeit nachlässt, dass du träumst oder in dich zusammensackst, dann korrigiere deine Körperhaltung. Richte dich auf, innerlich wie äußerlich, und lenke bewusst deine Aufmerksamkeit auf deinen Atem oder auf Geräusche in der Umgebung. Wenn du Widerstand dagegen spürst, so stelle dies fest und versuche, ihn am Wegesrand stehen zu lassen. Bemühe dich nicht, ein Durchhalten über die gesamte Meditationszeit zu erzwingen. Nimm dir vor, die nächsten zwei bis drei Atemzüge konzentriert bei der Sache zu bleiben. Bleibe ruhig in deiner Meditationshaltung, auch wenn dir heute überhaupt nicht danach ist.

ZURÜCK ZUM ATEM

Dauer: 10 Minuten

Jede Meditationsform hat ihre Berechtigung. Dennoch empfiehlt es sich, nicht ständig zu wechseln. Gehe lieber in die Tiefe und versuche, einem immergleichen Ablauf jedes Mal etwas Neues, Frisches abzugewinnen. Dafür bietet sich die Atem-Meditation ganz besonders an.

1. Nimm eine bequeme Meditationshaltung mit aufrechtem Rücken ein.
2. Sollte sich zwischendurch dein Körper bemerkbar machen, zum Beispiel weil es juckt, kribbelt oder drückt oder weil ein Bein einschläft, kümmerst du dich im Idealfall nicht weiter darum. Nimm das Gefühl zur Kenntnis und lasse es ziehen. Wenn es gar nicht anders geht, hast du auch die Möglichkeit, deine Körperhaltung so achtsam du kannst anzupassen.
3. Schließe die Augen und nimm einen tiefen Atemzug. Lasse den Atem langsam ausströmen. Noch einmal: ein, aus. Danach lässt du den Atem frei fließen, ohne ihn zu beeinflussen. Versuche nicht, den Atem zu vertiefen oder zu verlangsamen. Das Ziel besteht einzig darin, den Fluss des Atems so genau wie irgend möglich wahrzunehmen.
   Wo kannst du den eingehenden Atem spüren? In den Nasenlöchern, an den Nasenwänden, im Rachen, in den Lungenflügeln, im Bauch, im oberen Rücken? Wo fühlst du das Ausströmen zuerst? Wie unterscheidet sich die Einatmung von der Ausatmung? Wie ein Atemzug vom anderen?
4. Nimm jeden Atemzug wahr, als wäre er dein erster und dein letzter zugleich. Was er in gewisser Weise ja auch ist. Der vorige Atemzug ist getan und unwiederbringlich vorbei. Der nächste ist nur eine Zukunftsvision. Der einzige Atemzug, den du beobachten kannst, ist dieser.
5. Sinke immer tiefer in deine Atmung hinein. Du surfst auf den Wellen des Atems. Dabei nimmt deine Aufmerksamkeit gegenüber den Feinheiten des Atems ständig zu. Du beobachtest jeden neuen Atemzug mit gutwilligem Interesse und voller Neugier, wie er sich wohl entfalten wird.
6. Schließlich, wenn die von dir gewählte Zeit vergangen ist, holst du tief Luft, hältst den Atem einen Moment an und lässt ihn langsam ausströmen. Öffne die Augen. Bedanke dich bei dir für die liebevolle Aufmerksamkeit, die du dir gewidmet hast, und nimm sie mit in den Tag.

MEDITATIONS-DIARY 2

Zeit, deine Erfahrungen zu reflektieren. Lasse das, was du in den letzten Tagen und Wochen erlebt hast, vor deinem geistigen Auge Revue passieren. Welche Veränderungen hast du wahrgenommen, die du der Meditation zuschreibst? Es gibt kein Richtig oder Falsch. Hier sind ein paar Möglichkeiten genannt. Aber vielleicht fällt dir etwas ganz anderes auf. Gibt es auch etwas Negatives anzumerken?
Vielleicht willst du ein paar Wochen später eine weitere Bestandsaufnahme machen. Schau, was sich nach diesem Zeitraum verändert hat. Auf der gegenüberliegenden Seite ist Platz für deine Notizen.

- weniger Stress
- innere Ruhe
- besserer Schlaf
- gute Ideen
- weniger Angst
- größere Geduld mit den Kindern
- größere Geduld mit dem Partner
- (vorübergehendes) Abnehmen von Schmerzen
- das Gefühl, durchatmen zu können
- mehr Freundlichkeit mir selbst und anderen gegenüber
- weniger Zeitnot
- schaffe mehr
- leistungsfähiger
- Entspannung
- motivierter
- liebevoller

Meine Erfahrungen mit dem Meditieren nach _ _ _ _ _ _ _ _ _
Tagen / Wochen:

Und weitere vier Wochen später:

ÜBER DEN AUTOR

Ulrich Hoffmann, Jahrgang 1968, ist Bestsellerautor sowie Yoga- und Meditationslehrer. Er ist verheiratet und hat drei Kinder. Die Familie lebt in Hamburg und den USA. Hoffmann schrieb unter anderem »Mini-Meditationen« (GRÄFE UND UNZER VERLAG) sowie »1000 Ideen, täglich die Welt zu verbessern« (herausgegeben von Prof. Dr. Dieter Kronzucker, Jan Hofer und Shary Reeves).
Der Autor ist Mitglied der Organisation »1% for the planet«, das heißt, er spendet nachweislich ein Prozent seiner Einnahmen an Umweltschutzorganisationen.
Auf www.minimedi.de bietet er kurze geführte Meditationen speziell für Kinder an. Mehr über den Autor: www.ulrichhoffmann.de

BUCHTIPPS UND APP

- Brown, Brené: *Verletzlichkeit macht stark. Wie wir unsere Schutzmechanismen aufgeben und innerlich reich werden.* Kailash Verlag
- Hanson, Rick: *Just 1 Thing. So entwickeln Sie das Gehirn eines Buddha.* Arbor Verlag
- Hoffmann, Ulrich: *Mini-Meditationen.* GRÄFE UND UNZER VERLAG
- Kabat-Zinn, Jon: *Gesund durch Meditation.* Knaur Verlag
- Kornfield, Jack: *Das weise Herz. Die universellen Prinzipien buddhistischer Psychologie.* Arkana Verlag
- Schneider, Maren: *Der kleine Allt[illegible]s-Buddhist.* GRÄFE UND UNZER VERLAG
- Trökes, Anna: *Der kleine Al[illegible]* [illegible] GRÄFE UND UNZER VERLAG
- Meditations-App: www.7m[illegible]

ÜBUNGSREGISTER

★★★

LEICHT, GEHT RUCKZUCK

★★★

MITTELSCHWER, DAUERT NICHT SO LANGE

★★★

ANSPRUCHSVOLL, BENÖTIGT ETWAS MEHR ZEIT

IMPRESSUM

Projektleitung: Anna Cavelius, Claudia Böhm
Lektorat: Daniela Weise
Layout & Umschlaggestaltung:
independent Medien-Design GmbH, Horst Moser, München
Herstellung: Renate Hutt
Satz: L42 Media Solutions Ltd., Berlin
Reproduktion: medienprinzen GmbH, München
Druck und Bindung: F+W Druck- und Mediencenter, Kienberg
ISBN 978-3-8338-4836-0
3. Auflage 2017
Die GU-Homepage finden Sie unter www.gu.de

Bildnachweis
Illustrationen: www.pfau-illustrationen.de
Syndication: www.seasons.agency

Wichtiger Hinweis

Die Gedanken, Methoden und Anregungen in diesem Buch stellen die Meinung bzw. Erfahrung des Verfassers dar. Sie wurden vom Autor nach bestem Wissen erstellt und mit größtmöglicher Sorgfalt geprüft. Sie bieten jedoch keinen Ersatz für persönlichen kompetenten medizinischen Rat. Jede Leserin, jeder Leser ist für das eigene Tun und Lassen auch weiterhin selbst verantwortlich. Weder Autor noch Verlag können für eventuelle Nachteile oder Schäden, die aus den im Buch gegebenen praktischen Hinweisen resultieren, eine Haftung übernehmen.

GRÄFE UND UNZER Verlag
Leserservice
Postfach 86 03 13
81630 München
E-Mail:
leserservice@graefe-und-unzer.de

Telefon: 00800 / 72 37 33 33*
Telefax: 00800 / 50 12 05 44*
Mo–Do: 9.00 – 17.00 Uhr
Fr: 9.00 – 16.00 Uhr
(gebührenfrei in D, A, CH)*